13, rue Suger. BOISGARD, ÉDITEUR. rue Suger, 13

Denis Lambert, le fermier de l'Oseraie, passait en revue les bestiaux. — Page 2, col. 1re.

LA FERME DE L'OSERAIE

PAR ÉLIE BERTHET.

I

LE RETOUR.

Dans cette partie marécageuse de la Picardie qui s'étend d'Amiens à Péronne, sur le bord de la Somme, on apercevait naguère, à quelque distance de la grande route, un bâtiment de riche et belle apparence; aussi, malgré ses murs blancs, son toit rouge et ses fenêtres régulièrement percées sur la façade, méritait-il le nom de *château* beaucoup mieux que certaines mâsures féodales en possession encore aujourd'hui de ce titre ambitieux. Situé sur un mamelon assez élevé qui l'isolait des massifs d'arbres environnants, il paraissait de loin border la route; mais, en réalité, il en était séparé par une vallée profonde, creusée par la nature comme un vaste fossé. Un étang, dont les eaux surabondantes allaient se jeter un peu plus loin dans la Somme, baignait le pied du mamelon et se prolongeait jusque dans la vallée; on eût dit d'un ruban d'argent qui, de ce côté, s'enroulait autour de la colline, laissant seulement un isthme resserré, bordé de peupliers, pour servir d'avenue au château. Mais ce filet d'eau, perdu au milieu d'une profusion d'arbres aquatiques et de roseaux, était encore une barrière redoutable : ce bocage vert, ces roseaux fleuris cachaient des tourbières, des abîmes de vase, un sol perfide qui cédait sous les pas. Malheur à l'imprudent qui se fût engagé sans guide hors des chemins frayés! il eût pu payer de la vie sa témérité.

Cet emplacement eût donc été parfaitement choisi pour la construction d'une forteresse à cette époque du moyen-âge où l'on ne se trouvait en sûreté que dans des lieux inaccessibles; mais, comme nous l'avons dit, l'extérieur du château, malgré sa formidable situation, ne permettait pas de faire remonter son origine à des temps reculés. Rien n'était plus moderne, plus bourgeois que cette grande maison blanche, munie de paratonnerres, sans pigeonnier et sans tourelles. Si un étranger demandait comment un propriétaire avait pu être assez fou pour établir sa demeure dans un endroit presque inabordable, au centre de marais malsain qui

Montmartre. — Imp. PILLOY frères, VIÉVILLE et Comp.

causent de cruelles maladies, les gens du pays donnaient de cette énigme l'explication la plus naturelle du monde. Le château de l'Oseraie (c'était le nom de cette habitation) avait été bâti, au commencement de ce siècle, par un brave gentilhomme passionné pour la chasse, afin d'avoir en quelque sorte le gibier sous la main. On montrait, comme preuve à l'appui, une fenêtre de laquelle l'intrépide chasseur, lorsqu'il fut vieux et goutteux, foudroyait, avec sa canardière, les couvées de hallebrans assez imprudentes pour nager dans le lac, en bas de la colline. Telle avait été la chronique la plus remarquable de l'Oseraie jusqu'au moment où cette propriété devint le théâtre d'un triste événement dont nous parlerons bientôt.

La double rangée de peupliers qui, partant de la grande route, faisait mille capricieux détours à travers les marécages pour escalader enfin la colline et s'arrêter devant le château, était coupée à angle droit vers son milieu par une seconde avenue. Celle-ci, moins large, était cependant plus fréquentée, à en juger par les profondes ornières qui la sillonnaient. Elle conduisait à une belle ferme dont la situation était certainement plus saine, sinon plus agréable, que celle de l'habitation du maître. Construite à mi-côte au-dessus de la vallée, sur un terrain sec et fertile, à l'abri des émanations malfaisantes des marais environnants, l'aspect en était riant et animé; les bâtiments, vastes, bien tenus, semblaient, par leur importance, vouloir rivaliser avec ceux du château lui-même, dont ils n'étaient pourtant que les humbles dépendances. Aussi, contrairement au vieux proverbe « à tout seigneur, tout honneur, » allons-nous nous arrêter d'abord à la ferme, et peut-être y apprendrons-nous des choses qui intéressaient à la fois et la ferme et le château.

En 1834, par une de ces soirées d'automne aussi belles et moins chaudes que les soirées de juillet, Denis Lambert, le fermier de l'Oseraie, arrêté sur le bord du chemin, passait en revue les bestiaux qui, en ce moment, revenaient des pâturages. Denis, à qui une exploitation si importante était confiée, n'avait pas plus de trente-quatre ou trente-cinq ans; mais on jugeait à ses manières, à son ton sec et brusque avec les pâtres, qu'il était actif, vigilant, et qu'il n'entendait pas raillerie sur la négligence ou la paresse. Au demeurant, sa figure fraîche et gaie, ses yeux gris, son teint coloré annonçaient un franc Picard, irascible et bon, opiniâtre et juste à la fois. Son costume, qui tenait du bourgeois et du campagnard, était à peu près le costume ordinaire aux chasseurs de tous les pays; il avait des guêtres de basane montant au-dessus du genou, une blouse grise et une casquette faite de la peau d'une loutre tuée par lui-même dans les étangs du voisinage. Il tenait sous le bras un beau fusil double; à la ceinture de sa blouse était suspendue, en guise de breloque de montre, une demi-douzaine de bécassines qu'il avait abattues sans doute en faisant sa ronde dans les prairies. De l'un des coins de sa bouche sortait une de ces pipes de terre noires, à tuyau court, dont le nom vulgaire pourrait effaroucher des oreilles délicates. A ses pieds, un petit chien roux, dont il serait difficile de caractériser l'espèce, car il avait toutes les espèces connues, secouait la vase humide dont il était encore couvert et jappait joyeusement en regardant du côté de la maison.

Maître Denis, adossé à un arbre de l'avenue, lançait au vent du soir des bouffées de tabac qui s'élevaient en petits cercles azurés; dans cette posture, il avait la gravité d'un général passant en revue une nombreuse armée. Enfin, lorsque tout eut défilé devant lui, bêtes et gens, lorsqu'il eut distribué à qui de droit l'éloge et le blâme, il se remit en marche d'un air soucieux comme si les destinées de la terre eussent pesé sur lui. Le brave homme réfléchissait si décidément la betterave l'emportait sur le trèfle et la luzerne pour engraisser les bestiaux.

Le soleil se couchait, mais l'air, d'une transparence singulière, permettait d'embrasser d'un regard le bassin tout entier, avec ses massifs d'arbres, son lac argenté, ses forêts de joncs et de roseaux. La nature était calme et silencieuse; on n'entendait même pas ce frémissement que produisent les grandes herbes en se heurtant l'une à l'autre aux approches de la nuit. Aussi, comme rien ne pouvait distraire son attention, maître Denis continua sa marche, ses réflexions et sa pipe; il était seulement à quelques centaines de pas de la ferme, lorsque le bruit d'un cheval, galopant derrière lui sur le pavé de la chaussée, vint frapper son oreille.

Le fermier s'arrêta, et se pencha pour mieux reconnaître de quel côté venait le bruit; il aperçut alors, à travers les arbres, un cavalier qui descendait rapidement l'avenue et semblait se diriger vers le château. Sans doute cet événement si simple était de nature à le surprendre, car il suivit des yeux l'étranger et sa monture jusqu'à ce qu'ils eussent disparu pour un instant dans le bas-fond de la vallée.

— Pardieu! voici du nouveau, murmura-t-il en se grattant le front... un étranger à l'Oseraie! du diable si personne y vient depuis la mort de ce brave M. Gustave, que j'aimais tant! Ce voyageur y va d'un train... on croirait qu'il est sûr d'être bien reçu! Autrefois, je ne dis pas... un ami était toujours bien accueilli au château du temps du vieux Saint-Chaumont ou de ses dignes enfants! hum! Qu'est-ce que cela me fait? ce ne sont pas mes affaires! Cependant je voudrais bien savoir quel est cet étranger qui va à l'Oseraie avec tant de confiance: ma mère me le dira demain, si elle n'est pas prise encore d'un de ces accès de discrétion qui me font enrager... Mais voyons donc ce qu'est devenu ce gaillard-là!

Il se tourna vers la colline sur laquelle le château était bâti, s'attendant à voir reparaître le voyageur; mais, à son grand étonnement, il ne l'aperçut pas, et bientôt le galop du cheval, retentissant plus près de lui, indiqua clairement que la visite prévue n'était pas pour le château mais pour la ferme.

— Bon! dit Lambert avec indifférence, je me suis trompé... c'est quelqu'un de mes marchands de grains ou de bestiaux; il vient me demander l'hospitalité pour cette nuit... Soit! nous lâcherons de lui faire payer le pot de cidre et le souper qu'il faudra lui donner ce soir; j'aurai le temps de l'*entortiller* à table, surtout si c'est le gros ivrogne de Mesnard... Et moi qui avais la simplicité de croire que c'était une visite pour les maîtres!

Au même instant le voyageur parut au détour de l'avenue; ce n'était ni un marchand de grains ni un marchand de bestiaux, cheminant pesamment sur une rosse de louage, mais un beau cavalier, bien vêtu, et monté sur un vigoureux cheval normand, tel qu'en possèdent rarement les coureurs de foires et de marchés. Comme le chemin qu'il suivait conduisait seulement à la ferme, Denis supposa que ce cavalier devait avoir affaire à lui et non à d'autres. Aussi profita-t-il du temps que l'étranger mit à le joindre pour l'examiner à loisir.

C'était un jeune homme de vingt-six à vingt-huit ans, dont l'extérieur distingué même en costume de voyage. Ses traits étaient nobles et réguliers, mais son visage était comme bronzé par l'action d'un climat brûlant. Cependant, malgré ce signe d'une origine étrangère, il n'avait pas sans doute pris naissance aux régions tropicales; une moustache blonde et soignée, des yeux bleus, une tournure toute française protestaient contre cette supposition. Une lourde valise chargeait la croupe de son cheval, et on voyait à son équipage qu'il venait de faire une longue route.

Il semblait en proie à une vive préoccupation; tout en pressant sa monture, il tenait constamment les yeux tournés vers le château d'un air de colère et de douleur. Peut-être même allait-il passer devant le fermier sans le remarquer; mais Denis, après avoir recueilli ses souvenirs, s'écria tout à coup du ton du plus grand étonnement :

— De par tous les diables! je n'ai pas la berlue!... C'est M. Alfred Duclerc, l'ami de notre défunt jeune maître!

En entendant prononcer son nom, le voyageur tressaillit; il arrêta brusquement son cheval et chercha à son tour à reconnaître celui qui venait de parler.

— Eh mais! dit-il avec cordialité, c'est M. Lambert, notre ancien compagnon de chasse! Vous, du moins, monsieur Lambert, ne m'avez pas oublié?

Ces derniers mots furent prononcés d'un ton mélancolique; le fermier ne parut pas s'en apercevoir.

— Moi! vous oublier, monsieur Alfred! s'écria-t-il chaleureusement; moi, oublier les magnifiques coups de fusil que vous avez faits en ma présence, quand je vous ai vu tuer des bécassines au premier crochet et abattre dix-sept vanneaux d'une seule décharge?... Non, non, monsieur Duclerc, on n'oublie pas les tireurs de votre force... malgré votre teint bruni et votre longue barbe, je vous ai reconnu tout de suite... Eh bien, vous voici donc revenu de votre long voyage? On avait répandu le bruit, que vous aviez péri sur mer; lorsqu'on m'a dit cela à moi, j'ai répondu : « Eh bien, c'est tout de même un fameux chasseur de moins! » Mais je suis content de voir qu'on s'était trompé, foi d'honnête homme!

La naïveté de Lambert n'appela même pas un sourire sur les lèvres d'Alfred.

— J'ai en effet couru de grands dangers pendant ces trois dernières années, dit-il en soupirant; mais depuis mon retour en France, je regrette chaque jour de n'avoir pas succombé, comme il le disait...

Cette fois le fermier remarqua la sombre préoccupation de l'étranger ; soit embarras, soit respect pour une douleur dont il savait peut-être la cause, il garda un moment le silence.

— Monsieur Alfred, dit-il enfin, vous allez sans doute au château; en ce cas-là vous vous êtes trompé de route. Vous eussiez dû...

Le jeune voyageur sortit de la rêverie où la vue de tout ce qui l'environnait semblait l'avoir jeté.

— Non, non, Denis, je ne vais pas au château! Qu'irais-je faire maintenant à l'Oseraie? le seul ami qui pouvait désirer ma présence n'y se trouve plus?... Les autres ne m'attendent pas, ne m'ont jamais attendu!...

— Vous pouvez bien le dire, répondit le fermier, se méprenant ou feignant de se méprendre sur le sens de ces dernières paroles, vous feriez quasiment l'effet d'un ressuscité... On vous croit mort depuis le jour où l'on a vu dans le journal que votre vaisseau s'était perdu. Le pauvre M. Gustave en a été bien triste, allez! et notre jeune maîtresse, qui était alors mademoiselle Adélaïde, a eu les yeux rouges pendant bien longtemps!

— Et cela ne l'a pas empêchée, s'écria Alfred avec violence, d'épouser cet odieux Grandchamp!...

— Paix! paix! murmura Denis en posant un doigt sur sa bouche et en promenant autour de lui un regard inquiet; M. Grandchamp est à présent mon maître et je ne dois pas souffrir qu'on en dise du mal, surtout dans un moment où mon bail vient de finir et où j'ai à craindre qu'on ne veuille m'imposer des conditions un peu dures... Eh bien! monsieur Duclerc, si vous ne voulez pas aller loger au château, vous pouvez venir à la ferme, j'imagine ; je vous offre l'hospitalité de bon cœur... consentez à y rester quelques jours et nous ferons des chasses dont il sera parlé.

Le jeune homme tendit la main au fermier.

— Vous prévenez mes désirs, mon brave Lambert, dit-il d'une voix étouffée; j'éprouvais le besoin de causer avec quelqu'un des événements survenus ici pendant mon absence, d'apprendre les détails du tragique accident dont les suites ont été si funestes... j'ai pensé à vous, à votre digne mère, qu'on surnomme avec tant de raison la Bonne-Femme... J'espère qu'elle existe encore, continua-t-il en se tournant vers Denis avec un vif intérêt.

— Oui, grâce à Dieu et à la Sainte-Vierge, elle est toujours alerte et forte; elle fait encore des cures merveilleuses au moyen des herbes qu'elle recueille dans la campagne... C'est qu'elle est savante ma mère, allez! elle sait le latin comme notre curé lorsqu'elle étudie dans ses livres de *botanie*... je suis quelquefois honteux devant elle d'être si ignorant et si bête!... Oui, oui, elle existe encore, pour le bonheur des pauvres gens du pays; savez-vous que si la Bonne-Femme mourait ce serait une désolation universelle à trois lieues à la ronde; elle serait pleurée dans les châteaux comme dans les chaumières!

— Ainsi donc, elle va souvent au château, comme autrefois?

— Elle y va tous les jours, monsieur, car madame Grandchamp, notre maîtresse...

— Ne l'appelez pas ainsi! ne lui donnez pas un autre nom que celui d'Adélaïde de Saint-Chaumont, ou vous me rendrez fou !

Malgré ce ton impérieux, aucune trace d'impatience ne se montra sur le visage irascible de Denis Lambert.

— Allons ! ne vous fâchez pas, monsieur Alfred, dit-il à demi-voix d'un ton amical; je crois connaître la cause de vos chagrins, et je la trouve bien légitime... Eh bien! suivez-moi; en soupant nous parlerons raison, je vous le promets.

— Oui, oui, répliqua le cavalier en poussant un gémissement, je veux tout savoir... Denis, vous me direz tout, n'est-ce pas? Oh! pourquoi suis-je revenu ici pour trouver mon meilleur ami mort misérablement, et sa sœur mariée à un homme que je hais et que je méprise?

Sans répondre, Denis Lambert prit la bride du cheval, car le jour baissait rapidement, et les difficultés du chemin fangeux et crevassé rendaient cette précaution nécessaire. Le voyageur, la tête penchée sur sa poitrine, se laissa diriger machinalement.

Bientôt on arriva dans une immense cour, autour de laquelle étaient rangés les bâtiments inégaux de la ferme. Au centre s'élevaient deux grands chênes, et sous l'ombre épaisse que projetait leur feuillage, un groupe nombreux de servantes et de garçons de charrue causait gaiement en attendant l'heure du souper. L'arrivée du maître, accompagné d'un inconnu, fit taire les plus hardis parleurs du conciliabule. Sans doute la curiosité de ces braves gens était excitée au plus haut point, lorsque le fermier s'écria d'une voix de stentor :

— Holà ! fainéants, que faites-vous ici ? L'ouvrage est-il déjà fini pour perdre ainsi le temps à bavarder ? Allons, toi, Jean-Louis, conduis le cheval à l'écurie; tu transporteras la valise et les bagages dans la chambre des étrangers... toi, Fanchette, tu vas préparer le lit, et tu mettras les draps blancs que j'ai rapportés dernièrement d'Abbeville... Quant à toi, Louison, continua-t-il en détachant son gibier de sa ceinture et en le jetant dans le tablier d'une grosse paysanne chargée de la cuisine, tu vas nous apprêter lestement à souper... Allons, qu'on se mette à l'œuvre, qu'on se dépêche, et que ceux qui ne sont pas nécessaires ici me montrent tout de suite les talons de leurs souliers... s'ils en ont !

Maître Lambert termina sa tirade par un gros rire, car il n'était pas tout à fait aussi méchant qu'il voulait le paraître; cependant, à peine eut-il achevé de parler que tous les assistants disparurent comme une volée d'oiseaux, les uns pour exécuter ses ordres, les autres pour ne pas paraître épier ses actions, ce que le fermier endurait difficilement. Quant à lui, il aida Alfred à descendre de cheval, et il le conduisit vers le corps de logis où était son habitation. Alfred chancelait; tout ce qu'il voyait semblait éveiller dans son cœur de poignants souvenirs. Denis lui serra vigoureusement la main.

— Courage ! murmura-t-il de sa voix rude.

L'intérieur de la ferme avait un air d'aisance et de propreté qui faisait plaisir à voir. Denis introduisit d'abord l'étranger dans une vaste cuisine dont la splendide vaisselle en cuivre reluisait à la lueur d'une lampe de forme antique. Louison était déjà à l'ouvrage devant un grand feu de tourbe dont l'odeur particulière se répandait dans la salle ; Alfred Duclerc promena autour de lui un regard lent et douloureux.

— Vous êtes déjà venu ici, dit le fermier en suspendant son fusil au-dessus du manteau de la cheminée.

— Oui, oui, répliqua Alfred avec chaleur, et j'ai passé dans cette maison de bien heureux moments... Vous en souvenez-vous, Lambert? lorsque nous revenions de la chasse avec Gustave, nous trouvions ici Adélaïde et la Bonne-Femme qui nous attendaient pour goûter, et...

— Louison, interrompit Lambert vivement, ma mère n'est donc pas rentrée encore? En vérité les malades et les malheureux lui tourneront la tête.

— Elle est au château, maître, répondit la servante en continuant sa besogne; madame l'a envoyé chercher pour...

— C'est bon, ce que ma mère va faire au château ne te regarde pas... Eh bien! donne-nous un pot de cidre dans l'apothicairerie et préviens-nous dès qu'elle sera de retour...

En même temps il prit un flambeau et il invita le voyageur à le suivre dans un petit cabinet de plain-pied avec la cuisine, sorte de laboratoire pharmaceutique, où des casiers de bois soigneusement étiquetés et remplis de plantes salutaires étaient rangés le long des murailles. Sur des planches on voyait alignés des bocaux de toutes grandeurs, contenant les médicaments employés le plus fréquemment en médecine. Une cinquantaine de volumes, proprement reliés, formaient une modeste bibliothèque, dans un angle de la pièce. Un bureau muni de balances, d'un trébuchet et de tout ce qu'il fallait pour écrire, occupait le centre de ce cabinet, auquel un crucifix d'étain, suspendu à l'endroit le plus apparent, donnait un caractère religieux. C'était là que la mère du fermier, la Bonne-Femme, puisqu'on l'appelait ainsi, préparait les remèdes qu'elle distribuait gratuitement aux pauvres malades du voisinage.

Denis Lambert désigna à son hôte un fauteuil de cuir, exclusivement affecté à l'usage de la maîtresse de ce réduit; pour lui, il se jeta sur une chaise et il dit à demi-voix, en étendant les jambes avec un sans-gêne rustique:

— Ici du moins nous pouvons causer tout à l'aise... Voyez-vous, monsieur Duclerc! mon nouveau maître et moi nous ne sommes pas entièrement cousins, et je tremble toujours qu'un mot prononcé de travers n'arrive jusqu'à lui... Aussi je ne me suis pas soucié d'entamer la conversation, tant que les curieux et les bavardes de la ferme étaient à portée de nous entendre... Un moment cependant... attendons encore que cette satanée Louison nous ait servi, car elle a des oreilles larges comme la porte d'une grange...

Comme il achevait ce gracieux panégyrique, la servante entra portant un pot de cidre et deux verres. Elle déposa le tout sur une table, et un geste menaçant de son maître la fit fuir aussitôt.

— Ouf! nous voici seuls, et ce n'est pas sans peine, dit le fermier en remplissant les verres jusqu'au bord. A votre santé, monsieur Alfred, et à l'heureux hasard qui vous a empêché de devenir la pâture des poissons de mer!

— Merci, mon brave Denis, répondit le voyageur en effleurant son verre des lèvres, tandis que le fermier vidait le sien d'un seul trait; mais hâtez-vous, je vous prie, de satisfaire mon impatience... Vous savez à peu près quelle a été la nature de mes rapports avec la famille de Saint-Chaumont, à qui appartenait l'Oseraie. J'étais, ainsi que ce... Grandchamp, votre maître actuel, l'ami de collège de Gustave de Saint-Chaumont; je venais chaque année passer ici quelques semaines. Pendant une de ces visites je devins passionnément épris d'Adélaïde, et j'eus le bonheur de lui faire partager cette affection. Je puis le dire maintenant que tout espoir m'est à jamais enlevé, maintenant que, par une déplorable fatalité, elle appartient à un autre, elle s'était engagée envers moi par les serments les plus solennels... Gustave lui-même avait consenti avec joie à cette union, qui devait nous rendre frères... Vous avez entendu parler de ces projets, maître Denis?

— Sans doute, sans doute, répliqua Lambert en cherchant à introduire dans sa pipe de terre trois fois plus de tabac que l'ustensile n'en pouvait raisonnablement contenir, on a jasé en effet de cela dans le pays, et, soit dit en passant, on eût mieux aimé vous avoir pour maître que ce M. Grandchamp... il manque un canard posé à dix pas, et il est toujours hargneux comme un chien mal... e... Mais permettez-moi une question, mon cher mons'ur Alfred; pourquoi diable, quand vos affaires ét... nt si avancées avec notre jeune maîtresse, vous êtes-vous avisé d'aller courir les aventures aux antipodes, en laissant derrière vous un sournois de rival tout disposé à vous jouer un mauvais tour?

— Que voulez-vous, Denis? je suis, vous ne l'ignorez pas, fils unique d'un négociant d'Abbeville; mon père fait un grand commerce d'exportation. Au moment où j'allais me déclarer et demander à mes parents leur consentement au mariage projeté, on m'apprit qu'un de nos correspondants des Etats-Unis venait de mourir, et que si je ne me hâtais pas d'aller soutenir nos droits en Amérique, nous pouvions perdre une somme considérable... Cette perte eût entraîné la ruine de notre maison... L'honneur de notre nom en dépendait; je n'hésitai pas à entreprendre ce voyage. Mais, avant mon départ, je vins ici pour rappeler à M. et à Mademoiselle de Saint-Chaumont leurs promesses; elles m'ont été renouvelées plus positives que jamais; je partis sans défiance... En arrivant en France j'ai appris à la fois, et la mort horrible de Gustave et le mariage de sa sœur!

— L'un de ces événements est la suite de l'autre, répliqua Lambert avec tristesse; mais s'il faut vous dire mon idée, monsieur Alfred, ce qui est arrivé a étonné bien du monde ici, à commencer par moi... Ma mère elle-même, la confidente et presque la tutrice de mademoiselle Adélaïde, a été aussi surprise que personne, car la cérémonie a été faite à son insu, et si j'en juge par certaines paroles qui lui sont échappées dans le premier moment, elle avait des raisons particulières de redouter pour la jeune demoiselle de Saint-Chaumont un tel mariage... Mais vous êtes impatient; je vais vous conter ce qui est venu à ma connaissance de toute cette affaire.

II

LA MOLLIÈRE.

Le fermier s'assura que sa pipe était convenablement allumée; puis, appuyant ses deux coudes sur la table, il se pencha vers son hôte, qui se disposait à l'écouter attentivement.

— Vous saurez, mon brave monsieur Alfred, reprit-il d'un ton délibéré, qu'après votre départ ce M. Grandchamp revint au château plus souvent que jamais; il ne le quittait presque plus quand monsieur et mademoiselle s'y trouvaient, et j'ai entendu dire qu'à Amiens, où le frère et la sœur allaient passer l'hiver, il assiégeait de même leur maison. J'ignore si ces assiduités étaient bien accueillies de mademoiselle; chaque fois qu'ils se voyaient en ma présence, soit ici, soit au château, elle ne traitait Grandchamp ni mieux ni plus mal qu'au temps où vous étiez à l'Oseraie: elle semblait à peine remarquer sa présence; en apparence elle n'avait pour lui ni affection ni haine. Quant à M. Gustave, c'était autre chose : je ne dirai pas précisément qu'il faisait mauvais visage à son ami, mais certainement ils avaient souvent ensemble des discussions très-vives, malgré leur intimité; le hasard, une fois, m'en a rendu le témoin.

« C'était pendant l'automne de 1831, il y a trois ans de cela; on avait appris récemment votre mort prétendue, et l'on vous pouvez vous vanter, monsieur Alfred! d'avoir été fièrement regretté par vos amis de l'Oseraie. Mademoiselle s'évanouit en lisant cette nouvelle dans un journal, et M. Gustave s'arrachait les cheveux de désespoir... Je dois convenir aussi que M. Grandchamp eut l'air bien triste, bien affecté; mais Dieu sait si cette grande affliction était autre chose que grimace et hypocrisie! Je tiens ces détails de ma mère; elle fut appelée ce jour-là au château pour soigner la pauvre jeune demoiselle, qui était dans un état vraiment pitoyable. »

Alfred poussa un profond soupir; Denis continua :

« Ainsi donc, un mois environ après que cette nouvelle se fût répandue à l'Oseraie, je revenais un beau soir de l'Etang-Vert... J'étais allé faire couper une provision de ces roseaux que nous appelons des *fouailles*, et qui servent de litière aux bestiaux. Je suivais un sentier voisin de la chaussée et je marchais à pas lents, lorsque j'entendis tout à coup, de l'autre côté de la haie, la voix de M. Gustave. Il parlait à une autre personne que je jugeai être M. Grandchamp, car il n'y avait pour le moment que lui d'étranger au château. Je ne cherchais pas à écouter leur conversation; mais vous savez comment parlait notre franc et loyal jeune maître quand il était animé; en ce moment on eût entendu distinctement ses paroles à une portée de fusil de là.

— « Je te le répète, Charles, s'écriait-il avec chaleur, je ne veux pas, du moins de longtemps encore, prêter l'oreille à de pareils projets... S'il faut te dire la vérité, ma sœur a pour toi toute l'estime désirable, mais elle n'est pas disposée à te donner sa main; d'ailleurs elle est engagée à un autre.

« On l'interrompit, mais d'un ton si bas, que je ne pus rien comprendre.

— « C'est possible, reprit le maître, mais ce triste événement n'est pas encore bien sûr encore; il m'est venu des doutes... Les journaux annoncent tant de nouvelles qui sont démenties le lendemain!... La famille Duclerc n'a pas encore perdu toute espérance au sujet de notre malheureux camarade. Crois-moi, Charles, ne revenons plus sur ce chapitre; car, je te le déclare, lors même que tu parviendrais à faire oublier à Adélaïde ses anciens engagements, je m'opposerais à ce que ce mariage se conclût si précipitamment.

« On répondit encore, mais toujours à voix basse; d'ailleurs les deux jeunes gens étaient trop éloignés, il me fut impossible d'en entendre davantage... Je me suis souvenu d'une circonstance si indifférente par elle-même, monsieur Alfred, car elle peut avoir pour vous un intérêt qu'elle n'aurait pas pour un autre. »

— Oui, oui, vous avez raison, Denis, murmura Duclerc avec émotion; ces paroles que le hasard vous a fait recueillir sont bien précieuses à mon cœur... elles me prouvent combien j'avais raison de compter sur la parole de mon malheureux ami! Mon rival a dû employer quelque ruse coupable...

— Ne vous pressez pas trop de l'accuser; je vous ai avoué que je n'avais jamais été très-porté pour lui, à cause de son caractère fier et en dessous, mais il s'est dignement conduit dans l'affreuse catastrophe où a péri le jeune Saint-Chaumont; il n'y a qu'une voix à cet égard... Pour le sauver, il a exposé sa propre vie, et ce dévouement seul a sans doute décidé notre demoiselle à lui accorder sa main...

Duclerc baissa la tête et attendit, d'un air sombre, que Denis lui donnât l'explication de ses dernières paroles.

— Vous avez trop souvent parcouru le pays, monsieur Alfred, continua le fermier, pour n'avoir pas rencontré, en chassant dans nos marais, quelques-uns de ces abîmes de tourbe et de vase demi-liquide que nous appelons des *mollières*; il se forme à la surface une sorte de croûte, recouverte bientôt d'une herbe fine et touffue; il est impossible, si l'on n'est prévenu, de soupçonner l'existence de ces endroits dangereux. Nous avons dans le voisinage plusieurs de ces terribles mollières; elles sont connues pour la plupart, et on les évite soigneusement, cependant il ne se passe pas d'année qu'elles n'engloutissent quelques victimes.

« Peu de jours après la conversation que j'avais entendue, bien malgré moi, je vous assure, les messieurs du château étaient allés chasser dans le marais de Saint-Euve, à une demi-lieue d'ici. J'étais alors absent pour la foire de Montdidier, et par conséquent, je sais par ouï-dire seulement ce qui se passa... Les deux jeunes gens étaient donc allés à Saint-Euve tirer des bécassines, car le passage commençait alors. Ces parages étaient remplis de mollières, personne ne l'ignore. Comment M. de Saint-Chaumont, dont la chasse faisait la principale occupation pendant une moitié de l'année, a-t-il pu l'oublier ? voilà ce que je ne puis comprendre. Probablement une longue marche à travers les épais roseaux qui avoisinent l'étang, et qui ont jusqu'à quatre ou cinq pieds de hauteur, l'empêcha de s'orienter et de reconnaître le danger.

« Il venait de blesser une bécassine; il s'élançait pour la désigner à son chien (ce magnifique griffon à pattes noires que vous aimiez tant, monsieur Alfred, une bête de race!) tout à coup il sentit le sol lui manquer et ses pieds s'enfoncer dans la vase d'une tourbière.

« Dans ce moment terrible, sa présence d'esprit ne l'abandonna pas : il lâcha son fusil et s'accrocha, en tombant, à une touffe de joncs qui croissait sur le bord de la mollière... Malheureusement, ces herbes n'avaient pas d'adhérence avec le terrain solide : leurs racines, à demi-flottantes, ne pouvaient résister à son poids. Cependant, il eut le temps d'appeler à grands cris son compagnon, posté à une petite distance. Grandchamp accourut; mais avant qu'il eût atteint l'endroit fatal, les joncs se rompirent, et Gustave disparut en poussant un cri lamentable. »

Ici, Lambert chassa la fumée par de rapides aspirations, afin de cacher derrière un nuage de tabac l'altération profonde de son visage; Alfred, incapable de s'occuper d'une autre douleur que de la sienne, se couvrait les yeux de la main et sanglotait.

— Ah! j'en suis sûr, reprit le fermier avec cette espèce de colère qui, chez les gens brusques et grossiers, est l'indice d'une grande affliction; oui, j'en jurerais par tous les saints du paradis, si ce brave garçon a pu avoir une pensée, dans ce moment où il se sentait descendre dans le gouffre, elle a dû être pour son pauvre Denis, qui eût risqué mille vies pour le tirer de là! Et je l'en aurais tiré, monsieur Alfred; oui, je l'en aurais tiré, ou j'aurais péri avec lui... J'aurais ainsi acquitté la dette de ma famille envers la sienne; car, depuis soixante ans, les Saint-Chaumont sont nos bienfaiteurs!

Le brave homme fut obligé de s'arrêter; il empoigna vivement le pot de cidre et s'en versa une rasade qu'il avala avec une sorte de frénésie; puis, essuyant sa bouche d'un revers de main, il reprit sa pipe et aspira quelques gorgées en silence, comme pour se donner le temps de se remettre de son émotion.

— Eh bien, et... l'autre? demanda Duclerc avec effort.

— L'autre, continua le narrateur, fit plus qu'on ne devait attendre d'un petit damoiseau tel que lui, car il est mince et délicat comme une fillette... Il s'élança dans la mollière, et il courut lui-même le plus grand danger de périr avec le pauvre M. Gustave... Heureusement leurs cris avaient été entendus par des valets de ferme occupés à réparer des haies à quelque distance; ma mère elle-même se trouvait par hasard tout près de là, sur le coteau, où elle ramassait des herbes pour ses malades. Elle accourut avec les paysans; mais lorsqu'ils arrivèrent, M. de Saint-Chaumont avait entièrement disparu, et M. Grandchamp se débattait dans la tourbière, dont on eut beaucoup de peine à le tirer... On le transporta au château dans l'état le plus alarmant... Cet affreux événement a produit sur lui une impression ineffaçable; car, depuis cette époque, il est atteint d'une mélancolie, d'une humeur noire que rien ne peut vaincre, même le bonheur d'avoir une femme charmante, un magnifique domaine et un enfant qui promet déjà de devenir aussi aimable et aussi beau que son oncle défunt.

Alfred était poursuivi par une pensée importune ; elle se représentait à chaque instant et sous toutes les formes à son esprit.

— Et c'est par un acte de simple humanité, s'écriat-il avec colère, c'est par une inutile démonstration de dévouement qu'il a mérité ce bonheur dont j'avais fait l'espoir de ma vie ?... Lambert, on ne m'eût pas retiré vivant de cet abîme !

— Il ne faut pas aller trop loin, monsieur Alfred, et ne pas trop rabaisser ni trop élever une action pareille ! Sans doute il n'était pas nécessaire, pour reconnaître ces efforts infructueux, que mademoiselle de Saint-Chaumont donnât sa fortune et sa main... mais aussi beaucoup d'hommes, malheureusement, n'eussent pas osé faire ce qu'a fait M. Grandchamp ! moimême, quelquefois, je me demande comment il a pu se décider, lui toujours si muscadin, à salir ainsi ses beaux habits dans la tourbière... Quoi qu'il en soit, ce mariage a eu lieu hors du pays, et, comme je vous l'ai dit, presque à l'insu de tout le monde.

« Deux jours après l'accident, un vieux monsieur décoré arriva en chaise de poste ; c'était le chevalier de Saint-Chaumont, l'oncle paternel et désormais le tuteur de mademoiselle Adélaïde. Il emmena cette chère enfant à Paris pour l'arracher aux souvenirs pénibles que la vue de l'Oseraie devait entretenir. M. de Grandchamp resta malade au château pendant quelques jours ; dès qu'il fut à peu près rétabli, il alla les rejoindre. Nous ne vîmes plus personne à l'Oseraie ; le château était comme abandonné. Jugez donc de notre étonnement lorsque nous apprîmes, il y a un an, que M. de Grandchamp venait d'épouser notre jeune maîtresse ? On ne voulait pas le croire ici ; on doutait encore de la réalité de cette nouvelle ; mais, il y a deux mois, nous avons vu arriver tout à coup le mari et la femme avec leur enfant nouveau-né... »

Alfred resta pendant plusieurs minutes sombre et pensif.

— Je comprends, dit-il enfin, par quelle conduite adroite cet homme est venu à bout de faire oublier à mademoiselle de Saint-Chaumont des serments sacrés ! Je le connais opiniâtre, rusé, insinuant ; il s'est prévalu avec habileté des avantages que lui donnait un seul instant de courage et de dévouement... Peut-être a-t-il captivé les bonnes grâces d'un tuteur imbécile, impatient de décliner la sainte responsabilité qui pesait sur lui ! Que sais-je, enfin ? peut-être a-t-on employé vis-à-vis d'une jeune fille faible et timide les représentations, les instances, les obsessions mêmes ; peut-être lui a-t-on répété cent fois que celui à qui elle avait engagé sa parole ne reviendrait jamais... Mais parlez-moi avec franchise, monsieur Denis, continuat-il en se penchant vers le fermier, vous devez approcher vos maîtres quelquefois ; vous avez pu apprécier, par une foule de petites circonstances, le degré d'affection et d'accord qui existe entre les deux époux ; de grâce, dites-moi la vérité : sont-ils heureux l'un et l'autre ?

— Si cela doit vous faire du bien, tout n'est pas rose pour celui qui vous a soufflé notre jeune maîtresse, et son sort ne paraît guère digne d'envie... D'abord sa santé est toujours chancelante ; il est sombre, morose, et il a quitté la ville pour éviter de voir sans cesse de monde autour de lui... Depuis qu'il habite le château, il n'a pas tiré un coup de fusil ; il sort rarement d'un grand cabinet où il lit des livres et des journaux de Paris ; c'est à peine s'il a visité trois ou quatre fois la ferme depuis deux mois. La dernière fois que je le vis, il était pâle et défait, on eût dit qu'il allait rendre l'âme... On ne l'aime pas, malgré ses airs hypocrites, et il le sait bien, car il semble se défier de tous ceux qui l'approchent. Il m'a montré souvent à moi-même une grande malveillance, sans que je lui en aie donné aucun motif ; c'est pourquoi je suis fort inquiet au sujet du renouvellement de mon bail... Enfin, monsieur, à en juger par l'apparence, le maître du beau domaine de l'Oseraie

n'est pas heureux... il a dans le cœur quelque grand chagrin !

— Mais elle ? demanda vivement Alfred, Adélaïde... sa femme... vous ne me dites pas si elle est heureuse ?

— Eh ! qui pourrait répondre à cela ? reprit Denis en souriant. Qui peut lire dans le cœur de ces endiablées de femmes, aussi trompeuses que la surface d'une mollière ? Suivant mon humble jugement, la bonne jeune dame est calme, sans regrets ; elle supporte avec une résignation angélique les bizarreries et les humeurs noires de son mari ; toutes ses pensées semblent être maintenant pour son enfant... Mais, ajouta-t-il d'un ton différent, personne ne pourrait, monsieur Alfred, vous donner plus de détails à ce sujet que ma mère ellemême ; c'est elle, vous le savez, qui a fait l'éducation de mademoiselle Adélaïde, du temps du vieux SaintChaumont. Elle est presque toujours au château depuis le retour de notre jeune maîtresse, ce qui, soit dit en passant, n'est pas entièrement du goût de M. Grandchamp.

— En effet, dit Duclerc avec un accent de reproche, madame Lambert, votre mère, était la meilleure amie d'Adélaïde ; on ne lui avait pas caché nos projets et elle semblait les approuver ; cependant elle ne s'est pas souvenue de moi lorsqu'un mot de sa bouche pouvait empêcher ce mariage...

— Ne croyez pas cela, monsieur Alfred, s'écria le fermier, particulièrement chatouilleux sur tout ce qui concernait sa mère ; vous faites injure à la BonneFemme, en disant qu'elle vous avait oublié ! Elle parlait fréquemment de vous, et si elle avait été consultée, ce mariage ne se serait pas accompli avec tant de précipitation ; seule, elle n'a jamais voulu croire à votre mort, ou du moins elle attendait, pour y croire, des preuves qu'on ne pouvait donner. Si vous aviez vu sa douleur lorsqu'elle apprit subitement que tout était fini à Paris et que l'héritière de l'Oseraie avait changé de nom ! Elle s'est montrée tranquille et résignée dans nos plus grandes infortunes ; mais, ce jour-là, elle versa des larmes grosses comme des gouttes de pluie en temps d'orage ; pendant plusieurs jours elle ne put se modérer... aussi j'ai toujours pensé qu'elle avait des motifs secrets de regretter cet événement... Oui, oui, monsieur Alfred, vous pouvez accuser de votre malheur M. Grandchamp, mademoiselle, le diable... qui vous voudrez,... mais, sacrebleu ! ne vous en prenez pas à la Bonne-Femme !

Ces paroles, prononcées avec véhémence, tirèrent le voyageur de sa rêverie ; il tendit en souriant la main au fermier, qui l'accepta sans rancune. Au bout d'un moment Denis Lambert reprit d'un ton plus gai :

— Ah ça ! monsieur Alfred, vous devez être content de moi ; j'ai jasé à discrétion ; et, je vous le jure, je ne sais pas un mot de plus... Mais, à votre tour, ne me direz-vous pas ce que vous comptez faire maintenant ?

— Ce que je compte faire ? répéta le jeune homme d'un air abattu, eh ! le sais-je moi-même ? Aussitôt que j'ai eu appris, à mon arrivée chez mon père, le cruel changement survenu pendant mon absence, je me suis arraché aux embrassements de ma famille ; sans tenir compte des larmes de ma pauvre mère, je suis monté à cheval, et je suis accouru ici, n'ayant d'autre pensée que de me rapprocher d'*elle*, de voir les lieux qu'elle habite, de m'assurer par moi-même de la réalité de mon malheur... Et cependant Denis, dans le trouble de mon esprit, il me reste encore un désir : c'est de la voir, de lui parler, ne fût-ce qu'un instant, une minute, pour lui reprocher son parjure, pour l'accabler de mon mépris... ou peut-être pour la plaindre, lui pardonner et lui dire un éternel adieu !

L'honnête fermier n'était pas habitué à ces expressions désordonnées d'une passion au désespoir ; il haussa les épaules en regardant son interlocuteur.

— Sapristi, mon camarade, reprit-il, vous voulez là bien des choses, avec votre air de ne rien vouloir ! Eh bien ! voyons, à quoi vous servirait tout cela ? Que gagneriez-vous à vous lamenter sur un mal sans re-

mède!... Tenez, continua-t-il avec cette rondeur grossière qu'il portait dans ses marchés avec les brocanteurs de bestiaux, voulez-vous suivre mon conseil? vous n'irez pas au château et vous ne chercherez à voir personne... Vous resterez ici trois ou quatre jours à manger des poulets et à boire du cidre avec moi; nous chasserons *à mort* du soir au matin, au poil et à la plume; vous savez que je connais toujours les bons endroits!... Puis, quand vous aurez assez de cette vie-là, vous enjamberez votre cheval, vous me donnerez une poignée du main... et voilà. Voyons, ça y est-il?
— Mon cher Denis, répondit Alfred avec tristesse, j'accepterais volontiers votre invitation; mais ma présence ici pourrait vous attirer quelque embarras et surtout attirer sur vous la haine de votre nouveau maître... Le malheur est contagieux!
— Vous dites cela à cause du bail à renouveler, répliqua Lambert en se grattant l'oreille d'un air indécis; et, en effet, ce Grandchamp est si sournois... Mais bah! il y a bien peu de mes domestiques actuels qui vous aient vu autrefois ici... d'ailleurs vous êtes si changé, avec votre air mâle, votre visage brûlé et votre barbe noire! que personne ne vous reconnaîtra!... Allons, c'est convenu, vous resterez... Dieu, allons-nous nous amuser! Je vous avouerai en confidence, monsieur Duclerc, que parfois je m'ennuie ici comme cinquante mille hommes; la présence d'un joyeux compagnon, franc chasseur, tel que vous, est pour moi une bonne fortune... Allons, allons, quittez cette mine renversée et soyez gai, parleur et étourdi comme autrefois! Je n'entends pas qu'on soit triste ainsi, monsieur Duclerc; que diable, il faut se faire une raison!

Duclerc répondit à ces consolations banales par un hochement de tête mélancolique. Le brave homme n'était pas encore au bout de sa rhétorique consolante, et il allait continuer sur le même ton, lorsque Louison, la cuisinière, ouvrit brusquement la porte et annonça à demi-voix:

— Maître, la Bonne-Femme vient de rentrer...
— Ma mère! s'écria Denis en cachant précipitamment sa pipe, plus de venir un moment ici... Mais, diable! elle m'a défendu de fumer dans l'apothicairerie parce que la fumée gâte ses médicaments!

En même temps, il s'empressa de chasser avec sa casquette de loutre l'épaisse fumée qui remplissait le cabinet; il mettait à cette action toute l'inquiétude naïve d'un enfant qui se voit surpris en flagrant délit de désobéissance. Il était encore occupé de ce soin, lorsque madame Lambert entra; il fit quelques pas au-devant d'elle pour prévenir ses reproches, mais il reconnut aussitôt, à la grave et muette préoccupation de sa mère, qu'elle n'avait pas remarqué sa faute. Elle ne s'apercevait même pas de la présence d'Alfred, qui s'était levé poliment et qui restait dans l'ombre.

— Bonsoir, Denis! dit-elle d'une voix douce et plaintive, qui fit tressaillir le robuste fermier; je rentre bien tard, et cependant j'eusse voulu retarder plus longtemps encore le chagrin que je vais vous causer!

Lambert la regarda avec inquiétude; mais la Bonne-Femme, sans lever les yeux sur lui, se laissa tomber sur un siège en poussant un profond soupir.

III

LA BONNE-FEMME.

Suzanne Lambert ou plutôt la Bonne-Femme, puisque tel était le nom que les gens du pays et son fils lui-même se plaisaient à lui donner, était une de ces femmes d'élite qui, en dépit du rang où elles sont nées, méritent l'affection, le respect et l'admiration de tous.

Ses vêtements n'étaient guère plus somptueux que ceux des fermières aisées de la Picardie, mais ils empruntaient à la dignité naturelle de sa personne une véritable distinction. Agée de soixante-cinq ans environ, elle était droite, alerte; ses traits purs et corrects portaient encore la trace d'une beauté qui avait dû être remarquable dans sa jeunesse. Son œil bleu était plein de bienveillance; l'expression ordinaire de son visage était cette sérénité que donne une bonne conscience. A la noblesse de ses manières, à la délicatesse et à l'élégance de son langage on eût pu la prendre pour une femme du monde, obligée, par de grandes infortunes, à chercher un refuge dans une modeste condition; mais son passé était trop connu dans le pays pour qu'une pareille supposition fût possible, quoique le malheur n'eût pas manqué à sa longue existence. Avant de continuer ce récit nous allons esquisser rapidement son histoire, antérieurement à l'époque où nous nous trouvons.

Suzanne, issue d'une famille pauvre, resta orpheline dès l'âge le plus tendre. Elle fut recueillie par une dame riche d'Amiens, qui la destina à être la compagne de sa fille, à peu près du même âge; elle passa donc son enfance dans une maison opulente, où jamais on ne lui fit sentir sa dépendance. Bien plus, la dame charitable, par une complaisance peut-être mal entendue, souffrit que sa protégée profitât de tous les maîtres de sa propre fille et acquît ainsi une éducation sans doute fort au-dessus de sa position future. Suzanne se livra à l'étude avec ardeur. Ses progrès dépassèrent ceux de sa compagne, qui n'en fut pas jalouse et l'en aima encore davantage. Cependant, en grandissant, la pauvre orpheline reconnaissait l'incertitude de son avenir. Ses bienfaitrices la traitaient l'une comme une fille, l'autre comme une sœur; mais cette égalité ne pouvait toujours durer; une foule de circonstances pouvaient lui faire perdre cet appui, et alors que devenir avec des habitudes de bien-être et des goûts d'opulence? Elle prit donc la résolution de se retirer dans un couvent aussitôt que l'âge le lui permettrait; mais ne voulant pas que la séquestration du monde eût ce cachet d'égoïsme de certaines vocations religieuses, elle choisit celui des ordres monastiques dont l'institution a mérité le respect même des impies: elle se destina à devenir sœur de charité. Dans ce but elle étudia spécialement la botanique et les propriétés des plantes médicinales, dont l'usage était alors plus fréquent qu'aujourd'hui. Elle prit aussi quelque teinture de la médecine elle-même et de la chirurgie; enfin, par sa constante application, elle acquit les connaissances suffisantes pour remplir dignement la mission sainte, objet de son ambition.

Suzanne était sur le point de prendre le voile lorsque la révolution française éclata; et bien que les couvents de l'ordre de Saint-Alexis aient toujours été tolérés, force lui fut d'ajourner ses vœux. D'ailleurs ses bienfaitrices voyaient avec chagrin cette résolution d'une jeune fille belle, instruite et vertueuse, qu'elles aimaient comme leur égale; elles profitèrent du premier motif raisonnable pour la détourner de son projet. Sur ces entrefaites, la jeune compagne de Suzanne épousa M. de Saint-Chaumont, de beaucoup plus âgé qu'elle. C'était un officier de marine fort distingué, qui avait quitté le service en voyant les *officiers bleus* prendre place dans l'ancien état-major aristocratique de la marine. Aussitôt après le mariage, les deux époux se retirèrent à la ferme de l'Oseraie, car le château n'était pas encore bâti. Les dames emmenèrent avec elles la pauvre Suzanne; elle n'avait plus de volonté depuis que les circonstances avaient rendu impossible son plan de vie.

Toute la famille resta pendant quelque temps cachée dans cette paisible retraite, où sans doute l'eussent oubliée volontiers les passions révolutionnaires; mais M. de Saint-Chaumont craignit pour la sûreté de sa jeune femme, et, entraîné par l'exemple de toute la noblesse française, il se décida à émigrer. Sa belle-mère, la première bienfaitrice de Suzanne, venait de mourir: d'un autre côté, il n'était pas prudent d'emmener Suzanne à l'étranger, lorsqu'on ne savait ni quand ni comment cet exil devait se terminer; on ne pouvait non plus l'abandonner seule et sans appui; madame de Saint-Chaumont ne l'eût pas souffert. Voici donc ce qu'imagina son mari pour mettre Suzanne à

Vue de la ferme de l'Oseraie. — Page 3.

l'abri des dangers auxquels elle pouvait être exposée en leur absence.

Il avait alors pour fermier de l'Oseraie un de ses anciens maîtres d'équipage, Etienne Lambert, homme loyal et courageux, mais ignorant, grossier, violent même, lorsqu'il se trouvait sous l'influence d'une passion ou du vin. Avant d'être marin, Etienne avait été agriculteur, et il avait repris depuis peu son ancien métier; mais comme il manquait de l'intelligence et des connaissances nécessaires pour diriger convenablement une vaste exploitation, il lui fallait un aide qui se chargeât de l'administration du domaine, pendant qu'il s'occuperait des travaux de culture. Saint-Chaumont crut tout concilier en mariant la protégée de sa femme avec Etienne Lambert. Au premier coup d'œil, cette alliance paraissait monstrueuse: l'ex-marin avait passé quarante ans, il était lourd, brutal, querelleur; Suzanne était bien élevée, délicate, instruite, et d'une beauté qui attirait sur elle tous les regards. Unir une telle femme à un pareil homme était presque un crime; aussi madame de Saint-Chaumont se récria-t-elle à la première ouverture de son mari; Suzanne annonça avec tout le respect possible, mais avec fermeté, qu'elle ne serait jamais madame Lambert. L'officier de marine n'était pas habitué à la contradiction; il représenta à sa femme que Lambert, malgré ses allures brusques, était bon et généreux au fond; que Suzanne ne pouvait trouver pour le moment un meilleur parti, et qu'avec un peu d'adresse elle le mènerait *par le nez ;* ce fut l'expression dont il se servit, ajoutant que c'était toujours ainsi qu'en agissaient les femmes avec les marins retirés. D'un autre côté, sans insister trop sur les solides qualités du prétendu, il fit entendre adroitement à la pauvre fille que la fortune des Saint-Chaumont, consistant presque entièrement dans la propriété de l'Oseraie, allait se trouver dans les mains d'un fer-

mier honnête sans doute, mais dont les bonnes intentions ne garantissaient pas la capacité; qu'il se présentait pour elle une occasion de reconnaître les bienfaits dont on l'avait comblée toute sa vie, que cette occasion devait être unique peut-être et qu'elle pourrait se repentir de l'avoir laissé échapper. Cette dernière raison vainquit les répugnances mortelles de Suzanne: elle se décida, en pleurant, à épouser Etienne Lambert. Monsieur et madame de Saint-Chaumont, après avoir vu le mariage accompli, partirent pour l'Allemagne, sûrs de la fidélité et du dévouement de ceux à qui ils confiaient leurs biens.

Suzanne avait eu raison de repousser ainsi de toute sa force cette union disproportionnée. Pendant huit ans que vécut son mari, il lui fit souffrir d'indignes traitements. Il n'était cependant pas naturellement méchant, mais les habitudes vicieuses contractées sur mer, son despotisme, ses goûts bas et vulgaires, son ivrognerie, tout, jusqu'à son langage, qui avait gardé les énergiques réminiscences du gaillard-d'avant, révoltait cette jeune femme habituée aux formes douces et affectueuses de ses chères bienfaitrices. Ses instincts charitables, ses manières élégantes, ses actions, ses paroles étaient l'objet des railleries continuelles de son mari; il la froissait, il la blessait, il lui déchirait l'âme à chaque minute de sa vie. La pauvre Suzanne supportait tout sans se plaindre: elle se cachait peut-être pour pleurer, mais ceux qui pendant ce long martyre furent témoins de ses souffrances ne l'entendirent jamais prononcer un mot de plainte et de regret.

Monsieur et madame de Saint-Chaumont étaient encore en émigration lorsque Lambert mourut des suites d'une chute terrible dans un accès d'ivresse, laissant un enfant, alors âgé de quelques mois. Sa veuve resta donc seule chargée de faire valoir la ferme, dont la propriété avait été conservée à ses bienfaiteurs au moyen

Bonsoir, Denis! dit-elle d'une voix plaintive. — Page 7, col. 1re.

d'une vente simulée. Cependant la noble femme ne se découragea pas; développant les ressources de sa riche intelligence, elle sut parer à toutes les exigences de cette époque de troubles. Jamais le vaste domaine de l'Oseraie ne fut d'un aussi bon rapport que lorsqu'elle l'administra sans contrôle; et quand ses maîtres rentrèrent en France, ils purent bâtir le château de l'Oseraie avec le produit des économies faites par madame Lambert pendant sa gestion.

On comprendra facilement, d'après ce simple et rapide exposé, la reconnaissance de madame de Saint-Chaumont pour son ancienne compagne. Tant qu'elle vécut, Suzanne habita presque toujours le château, bien qu'elle fût restée chargée de l'exploitation de la ferme. Quand Adélaïde vint au monde, Suzanne dirigea la première éducation de la fille de son amie. Gustave, lui-même, le pauvre jeune homme dont nous connaissons la fin tragique, avait reçu d'elle les plus touchantes preuves d'affection; et enfin, lorsque M. et madame de Saint-Chaumont payèrent leur dette à la nature, les deux jeunes gens, laissés maîtres de bonne heure de leurs actions et de leur fortune, trouvèrent dans madame Lambert une seconde mère.

Mais c'était là seulement la vie privée de Suzanne; sa vie publique, si l'on peut parler ainsi, n'était pas moins admirable. Dans la position nouvelle où l'avaient placée d'impérieuses circonstances, elle n'avait pas oublié la mission philantropique, rêve de ses premières années; la fermière de l'Oseraie était restée sœur de charité par le cœur. Malgré les plaisanteries brutales de son mari, malgré les occupations et les soucis dont elle porta seule le poids après la mort de Lambert, elle devint la Providence des pauvres du voisinage. Elle allait soigner les malades quelquefois à une grande distance de la ferme, pendant les nuits d'hiver, par des chemins affreux; elle était la dispensatrice des aumônes que des personnes pieuses répandaient dans le pays, et elle il y ajoutait tout ce qu'elle pouvait retrancher sur ses dépenses personnelles; les habitants de plusieurs villages venaient la consulter dans leurs maux, dans leurs chagrins, dans leurs affaires, et jamais Suzanne ne les renvoyait sans un bon conseil, un soulagement, une consolation. Ses connaissances médicales s'étaient étendues par la pratique; on citait d'elle des cures merveilleuses qui eussent fait honneur à des hommes de l'art. Connaissant le secret d'agir sur l'esprit du malade par de douces et touchantes paroles, en même temps que sur son organisation par des médicaments, elle était à la fois médecin, prêtre et sœur de charité; ceux qu'elle ne pouvait sauver, elle les préparait à mourir. Aussi était-elle adorée, et le surnom de Bonne-Femme, décerné par la reconnaissance publique, avait été la récompense de son merveilleux dévouement. Si elle traversait un village, on courait aux portes pour l'inviter à entrer, car on croyait que sa présence portait bonheur à la maison où elle s'arrêtait. Les plus petits enfants apprenaient à bégayer son nom; les vieillards étaient fiers du salut amical qu'elle leur adressait en passant.

Cependant Suzanne n'avait pu se livrer entièrement à ses goûts généreux tant que son fils avait été incapable de prendre sa part des travaux de la ferme. Heureusement Denis s'était trouvé d'une précocité merveilleuse pour ce genre d'occupation; en revanche, il avait montré une inaptitude excessive pour les différentes connaissances dont sa mère avait cherché à orner son esprit. Denis était bon et franc, mais son intelligence était lourde comme celle de son père; s'il n'avait pas les vices du vieux Lambert, c'était le résultat de l'éducation que Suzanne, à défaut de science, était parvenue à lui donner. Tout ce qu'elle put obtenir de lui fut qu'il apprit à lire, à écrire, à calculer. A ces connaissances peu variées, Denis ajouta de lui-même celle de distinguer un bœuf de charrue d'un bœuf susceptible de s'engraisser promptement, de reconnaître un champ où il devait semer de l'orge et celui où il devait planter des pommes de terre, de *mettre au droit* proprement sur un perdreau, moyennant quoi il put, dès l'âge de dix-huit ans, devenir un fermier modèle, cité pour ses spéculations heureuses dans les foires du département.

A partir de cette époque de l'émancipation de Denis, la Bonne-Femme avait connu des jours calmes, sinon heureux. Son fils, malgré sa rusticité naturelle, était plein de respect et d'affection pour elle ; partout elle recevait des témoignages d'estime et d'admiration ; sa conscience était pure comme un beau jour. Deux événements avaient seuls attristé ses dernières années : l'un était la mort si malheureuse de Gustave de Saint-Chaumont, cet enfant de sa meilleure amie, de sa bienfaitrice ; l'autre était le mariage d'Adélaïde, son élève et presque sa fille d'adoption, avec un homme pour lequel Suzanne avait toujours ressenti de l'éloignement. Cependant, jamais elle n'avait exprimé son chagrin du choix qu'Adélaïde avait fait sans la consulter ; et quelle que fût sa pensée à l'égard de son nouveau maître, elle tançait toujours sévèrement quiconque osait attaquer, en sa présence, l'époux d'Adélaïde de Saint-Chaumont.

Telle était la femme qui venait d'entrer dans la petite salle basse où se trouvaient Denis et le jeune voyageur. Duclerc connaissait déjà madame Lambert, et il n'avait pas manqué d'apprécier dignement ses nobles qualités, ses remarquables facultés. Mais il n'avait jamais vu sur son visage l'expression de tristesse qui le couvrait en ce moment, et, comme Denis lui-même, il pensa qu'il fallait un malheur bien sérieux pour produire une si vive impression sur cette âme stoïque.

Cependant, le fermier surmonta l'impression pénible causée par les paroles mystérieuses de sa mère, et désignant son hôte, qui se tenait debout devant elle, il s'écria avec une gaieté forcée :

— Eh bien ! eh bien, ma mère, qu'est-il donc arrivé ce soir ? Ne direz-vous donc rien à un ancien ami, venu tout exprès pour nous prouver qu'il est encore vivant ?

La Bonne-Femme se leva lentement et dirigea la lumière de la lampe vers l'étranger. Mais, soit que ses yeux fussent affaiblis par l'âge, soit que réellement trois années de voyage dans des pays lointains eussent changé les traits de Duclerc au point de le rendre méconnaissable, Suzanne ne témoigna en rien qu'elle eût conservé de lui quelque souvenir.

— Vous le voyez, s'écria le fermier en frappant des mains, comment les autres ne s'y tromperaient-ils pas ? ma mère elle-même ne vous reconnaît plus.

La Bonne-Femme ne répondit pas et continua d'examiner Duclerc en silence.

— J'espérais, dit celui-ci d'un ton mélancolique, que madame Lambert était supérieure aux faiblesses vulgaires par le cœur comme par l'intelligence !

Suzanne tendit la main à Alfred, et elle lui dit enfin d'un air pensif en hochant la tête :

— Je vous ai reconnu, monsieur, et quoique je vous souhaite toutes sortes de prospérités, c'est un grand malheur que vous soyez ici !

— Un malheur, ma mère ! se récria le fermier d'un air fâché ; en vérité, malgré tout votre esprit, vous avez une façon nouvelle de recevoir les étrangers !

Suzanne imposa silence à son fils par un geste amical.

— Vous voilà donc revenu ? reprit-elle lentement ; j'étais sûre, moi, que vous reviendriez ! je l'avais prédit... Eh bien, continua-t-elle avec chaleur, que lui voulez-vous, ? Pourquoi essayez-vous de troubler son repos ? Qu'espérez-vous ? Ce qui est fait est fait, et Dieu seul peut délier ce qui a été lié en son nom.

—Suzanne ! s'écria le jeune homme, emporté ainsi tout d'abord au milieu des idées qui l'occupaient exclusivement, vous savez la vérité, vous ? Vous savez quels droits j'aurais...

— Quels droits ? interrompit la Bonne-Femme avec autorité ; vous n'avez aucun droit à faire valoir ici, monsieur Duclerc ; mais, en revanche, vous avez un grand devoir à remplir... Ce devoir, c'est celui de n'apporter aucun désordre dans une maison paisible, c'est celui de ne pas poursuivre de vos reproches une pauvre jeune femme qui s'est crue, par la fausse nouvelle de votre mort, libérée de tout engagement envers vous.

— Madame Lambert, ne me supposez pas des idées de haine, des intentions de vengeance ! elles ne sont point dans ma pensée... Mais je ne puis m'éloigner sans l'avoir vue !

— La voir ! à quoi bon ? pourriez-vous vous dire quelque chose qui ne fût un retour inutile vers le passé ? D'ailleurs, si vous vouliez voir Adélaïde Grandchamp, deviez-vous vous arrêter d'abord ici, monsieur Duclerc ? Ne pouviez-vous aller hardiment au château, et, en présence d'un homme qui a été aussi votre ami, provoquer une explication loyale ? Pourquoi vous cacher si vous n'avez pas de projet coupable ?

— Vous êtes bien sévère, madame, et cependant vous avez peut-être raison... Qu'importent maintenant les récriminations et les reproches ? Malgré son ingratitude, je ne voudrais ni l'offenser, ni l'irriter !

—Eh bien ! s'il en est ainsi, dit la Bonne-Femme avec vivacité, vous ne lui était pas ordinaire, évitez même la possibilité d'une explication... Je connais la sensibilité de ma pauvre enfant ; votre présence réveillerait en elle des idées pénibles... D'ailleurs son mari est jaloux, ombrageux, et s'il venait à savoir que vous êtes à l'Oseraie... Non, continua-t-elle avec un accent d'autorité irrésistible, la paix de ce jeune ménage ne sera pas troublée, je ne dois pas le souffrir... J'ai tout sacrifié jusqu'ici à son repos ; tout à l'heure je vais accomplir et exiger des miens de plus grands sacrifices encore !... Adélaïde de Saint-Chaumont ne portera pas la peine d'une précipitation que peut-être je déplore autant qu'un autre... Il faut partir, jeune homme, non pas demain, ni dans quelques jours, mais aujourd'hui, à l'instant même, avant que l'on puisse apprendre au château votre apparition à l'Oseraie.

Cette véhémence même produisit un effet opposé à celui qu'en attendait madame Lambert. Alfred crut s'apercevoir que la Bonne-Femme envisageait avec une sorte de terreur la possibilité d'une entrevue avec Adélaïde.

— Madame Lambert, reprit-il du ton de la prière, prenez garde de me demander plus que je ne pourrais accorder... M'enviriez-vous pendant quelques jours l'air qu'elle respire, de chercher à l'entrevoir une fois, de loin, à travers la campagne ?...

— Alors vous ne l'aimez pas, dit sèchement la Bonne-Femme ; vous ne l'avez jamais aimée, si, pour la vaine satisfaction d'un moment, vous risquez de compromettre son bonheur !... Mais non, monsieur Duclerc, vous êtes généreux et franc ; vous n'êtes pas égoïste, vous, et je le disais bien, autrefois, quand je pouvais encore parler de vous avec elle et avec mon pauvre Gustave !... Cet effort sera pénible, mais il n'en sera que plus louable ; elle l'ignorera, elle, mais moi qui le saurai, je vous en serai reconnaissante toute ma vie et j'appellerai sur vous les bénédictions du ciel !

Alfred hésitait ; les paroles douces et insinuantes de Suzanne avaient pénétré jusqu'à son cœur. Il allait peut-être se décider à partir ; le fermier, qui, depuis le commencement de cette conversation, avait combattu une violente démangeaison d'y prendre part, s'écria, n'y tenant plus :

— Sur ma foi ! ma mère, vous êtes aussi par trop exigeante envers ce garçon-là ! il vient de faire quinze lieues au triple galop, il est éreinté, mourant de faim, et vous voulez le mettre à la porte par une nuit noire, sans même lui donner le temps de manger un morceau! Du diable si je souffrirai qu'il quitte la ferme sans y avoir passé quelques jours à s'amuser, tant que la chose sera possible! Personne ne le reconnaîtra; en lui donnant un nom en l'air, sa présence ici ne surprendra personne... d'ailleurs nous chasserons du matin au soir; et il n'aura ni le temps ni l'envie d'aller rôder où il n'a que faire... Voyons, ma mère, ne soyez pas trop déraisonnable ; ce serait une honte pour nous de renvoyer ainsi ce cher M. Alfred !

La Bonne-Femme regarda son fils d'un air triste, et elle répondit en secouant la tête :

— Vous devez parler ainsi, Denis, car vous ne savez pas quelles peuvent être les suites funestes d'une imprudence ; vous ne savez pas que les Lambert doivent sacrifier au bonheur et au repos des Saint-Chaumont, même les devoirs de l'hospitalité... Pauvre Denis, continua-t-elle en détournant les yeux avec douleur, peut-être n'avez-vous pas longtemps à faire les honneurs de la ferme de l'Oseraie! Laissez notre hôte quitter cette maison avant que le malheur soit descendu sur elle !

IV

LE FERMIER.

Le fermier pâlit, et, malgré sa robuste constitution, un tremblement nerveux agita ses membres.

— Mère, demanda-t-il d'une voix altérée, avez-vous donc entendu parler au château du bail qui expire dans huit jours? Le maître ne voudrait-il plus le renouveler aux mêmes conditions?..

— Il ne veut pas le renouveler du tout, mon fils, répondit la Bonne-Femme en soupirant.

Denis resta immobile, l'œil fixe et hagard, comme s'il n'eût pas compris cette sinistre nouvelle.

— C'est impossible, ma mère! dit-il enfin d'une voix brève, vous vous êtes trompée.

— Je ne me suis pas trompée, on ne veut plus de nous, on nous chasse... dans huit jours il nous faudra quitter cette ferme où vous êtes né, où j'ai passé moi-même bien des jours sombres et quelques jours sereins. Le maître m'a signifié tout à l'heure qu'il avait pris déjà des engagements avec un autre fermier.

— Le maître, oui! mais la maîtresse... la vraie maîtresse... Adélaïde de Saint-Chaumont ?

— Une femme douce et timide peut-elle avoir d'autres volontés que celles de son mari? Adélaïde a prié, elle a pleuré, elle n'a pu rien obtenir... Elle m'a promis de ne plus risquer d'attirer sur elle la colère de M. Grandchamp, et renouvelant des efforts inutiles.

— Pour vous, c'est fort bien, ma mère, dit le fermier avec une apparence de calme ; mais avant de me retirer ainsi l'exploitation d'une propriété que j'ai fécondée de mes sueurs, que nous pourrions presque regarder comme nôtre, cet étranger devrait donner au moins quelques motifs plausibles... Il ne peut pas me renvoyer comme un valet de charrue ; et s'il a à se plaindre de moi, il doit venir me le dire face à face, comme cela se pratique entre gens honnêtes... Mais il n'est pas venu ! il n'ose pas venir, le lâche !

— Eh! de quel prétexte a-t-il besoin ? N'est-il pas le maître, et ne peut-il disposer comme il l'entend de ses domaines? Nous sommes trop attachés à la famille de Saint-Chaumont pour que ce nouveau-venu nous soit favorable... depuis longtemps j'ai prévu ce qui nous arrive aujourd'hui... Cet homme nous hait, Denis : nous ne pouvons l'aimer comme nous avons aimé les autres, et il nous traite en ennemis! Aussi, mon fils, au lieu de nous raidir contre un malheur inévitable, il faut nous y soumettre sans murmurer.

Ce mot fit éclater avec une épouvantable violence la colère contenue du fermier.

— Moi, me soumettre à cette humiliation ! s'écria-t-il en frappant de son poing fermé la table, qui se brisa du coup ; moi, quitter ces champs que j'ai semés, ces arbres que j'ai plantés, ces animaux que j'ai vu naître et que j'ai nourris de ma main ! puisse plutôt le feu du ciel consumer cette ferme jusqu'à cent pieds au-dessous des fondements ! Je ne la quitterai jamais, je résisterai qu'ils viennent tous, je ne les crains pas... Non, de par tous les diables de l'enfer, je ne quitterai pas l'Oseraie comme un mauvais locataire chassé honteusement parce qu'il ne paie pas son loyer... De quel droit ce misérable damoiseau donne-t-il des ordres ici? Ce n'est pas un Saint-Chaumont, lui ! Nous n'avons pas contracté d'obligations envers lui, et je peux lui envoyer une balle dans la tête, comme à un chien galeux qui n'appartient à personne... Je le tuerai, vous verrez que je le tuerai !

La douleur et la colère avaient bouleversé ses traits ; il s'arrachait les cheveux, frappait la terre du pied, se meurtrissait la poitrine. Alfred regardait avec une sorte d'effroi l'effet terrible des passions sur le vigoureux campagnard ; mais madame Lambert ne parut éprouver que de la pitié pour ses souffrances. Emprisonnant de ses deux mains faibles et ridées les mains calleuses de son fils, elle lui dit avec une touchante expression de tendresse :

— Pauvre Denis ! Pauvre Denis !

Cette simple caresse donna une autre direction aux sentiments tumultueux du fermier ; deux grosses larmes coulèrent sur ses joues hâlées, et il s'écria dans un transport de douleur :

— Ce n'est pas seulement à cause de moi que cette injustice me révolte ; c'est aussi à cause de vous, ma mère ! Est-ce à votre âge qu'il convient d'aller chercher au loin peut-être une autre demeure, d'autres amis, un autre pays ? Que deviendront les pauvres et les malades des alentours ? qui sera là pour les secourir et les soigner à votre place ? Cet homme est fou, sur ma parole ! On le hait déjà, et, indigné de sa conduite avec nous va se rendre si odieux qu'il ne pourra faire un pas sur ses propres domaines sans essuyer quelque avanie... La nuit on coupera ses blés verts, on écorcera ses arbres ; s'il ose paraître le dimanche à la paroisse, on lui jettera des pierres comme à ce propriétaire de Pichaville qui avait frappé son fermier d'un coup de couteau...

— Aussi, mon fils, ai-je une prière à vous adresser, reprit la Bonne-Femme d'un ton affectueux ; je ne veux pas que notre départ de l'Oseraie ait pour le mari d'Adélaïde de Saint-Chaumont les conséquences fâcheuses dont vous parlez... promettez-moi donc de dire à toutes vos connaissances que vous quittez la ferme volontairement, et que le maître n'a eu aucun tort envers vous.

Le fermier la regarda d'un air ébahi, comme s'il n'eût pu croire à cet excès d'abnégation.

— Du diable si je pourrai jamais prononcer un pareil mensonge ! s'écria-t-il en bondissant sur sa chaise. Écoutez, ma mère, vous êtes une sainte et une savante, vous, vous aimez à rendre le bien pour le mal, et je ne vous en veux pas de cela... Mais moi, voyez-vous, je n'ai ni assez de courage ni assez de vertu pour être de si bonne composition, et je ne ferais pas ce mensonge quand on devrait me couper en morceaux... Je ne le ferai pas! Non, sur ma vie, je ne le ferai pas!

La Bonne-Femme n'était pas habituée à voir son fils résister si énergiquement à ses volontés ; elle lui dit avec un étonnement mêlé de tristesse :

— Denis, pouvez-vous bien me parler ainsi, à moi votre mère... et devant un étranger encore ?

Le fermier se retourna vers Alfred, témoin silencieux de cette scène.

— Monsieur Duclerc, reprit-il, sait que je vous aime et que je vous respecte, ma mère ; je le lui disais encore tout à l'heure... mais ce ne sera pas lui, j'en suis sûr, qui me reprochera ma haine contre le diable incarné de l'Oseraie.

Ainsi interpellé, le jeune homme dut nécessairement se mêler à cette conversation intime entre la mère et le fils.

— Je prends en effet une vive part à votre chagrin,

Denis, répondit-il avec cordialité, et je comprends combien le sacrifice exigé par madame Lambert doit vous être pénible... Mais pourquoi vous livrer au désespoir ? Que regretterez-vous à l'Oseraie ? tous ceux qui vous y témoignaient de l'affection sont dans la tombe !... Écoutez ! je puis aujourd'hui disposer des biens de ma famille ; nous avons à quelques lieues d'ici seulement une ferme très-productive... la voulez-vous ? Vous y serez plus maître que moi.

— Merci, monsieur Alfred, dit le fermier avec reconnaissance, vous êtes un brave jeune homme, vous ! oui, et l'on serait bien heureux à l'Oseraie si vous étiez à la place de cet hypocrite... Je ne puis accepter encore votre proposition, car je ne crois pas, comme ma mère, que tout soit dit au sujet du bail de ma ferme... Grandchamp y regardera à deux fois avant de congédier Denis Lambert et la Bonne-Femme !

Suzanne sourit tristement et d'un air de doute.

— Il ne l'osera pas ! s'écria le fermier avec plus de force, il ne l'osera pas, parce qu'il est lâche... Il aura peur de se trouver en face de moi ! Eh bien ! monsieur Alfred, continua-t-il brusquement en se tournant vers l'étranger, maintenant je serais fâché que vous vous éloignassiez avant d'avoir joué quelque bon tour à cet intrus... Je ne sais quel sort il a jeté sur notre jeune maîtresse, mais certainement elle ne vous a pas oublié autant que vous le pensez... Je vous ai dit qu'elle était calme, c'est triste que je voulais dire ; qu'elle était résignée, j'aurais dû dire malheureuse... Ma mère le niera, mais j'en suis sûr, Adélaïde de Saint-Chaumont regrette d'avoir épousé cet homme... elle ne l'aime pas, et elle le haïra encore davantage lorsqu'elle apprendra votre retour.

— Taisez-vous, mon fils, taisez-vous ! s'écria la Bonne-Femme avec agitation.

— Je vous dis qu'elle vous aime encore, reprit le fermier, emporté par la violence de son ressentiment ; elle n'a jamais aimé que vous, et moi, sa confidente habituelle, vous l'avouerait si elle voulait être franche ! Grandchamp soupçonne la vérité, et s'il apprenait votre arrivée, il mourrait de jalousie... Prenez seulement la peine d'aller au château, et vous verrez, vous verrez !

— Serait-il possible ! s'écria Duclerc en se levant ; Denis, ne vous trompez-vous pas ? En effet, Adélaïde ne pouvait avoir oublié si vite des promesses solennelles faites devant son frère et devant Dieu ! Sans doute il y a dans ce mariage quelque infamie de cet indigne Grandchamp... Eh bien ! je vous le jure, je saurai d'elle la vérité, et malheur à lui s'il a osé la tromper par un mensonge !

— L'entendez-vous ? dit Suzanne avec désespoir en s'adressant à son fils ; comprenez-vous maintenant de quels malheurs vous pouvez être la cause ?... Denis, puissiez-vous ne pas vous repentir de vos imprudentes paroles !

Puis se retournant vers Alfred, elle reprit d'un ton suppliant :

— Oh ! ne le croyez pas, monsieur Duclerc : c'est une erreur, c'est une folie de sa part ! La haine et la colère l'égarent ; il n'a rien vu, il ne sait rien... Adélaïde est une épouse tendre et soumise ; elle aime, elle respecte le père de son enfant. Si les allégations absurdes de mon fils vous engageaient à tenter une fausse démarche, je le maudirais tout le reste de ma vie !

— Ma mère, demanda le fermier avec une simplicité douloureuse, ce que j'ai dit est-il donc si mal ?

— C'est une mauvaise action que vous avez faite, mon fils, répondit Suzanne.

Jamais la Bonne-Femme n'avait traité Denis avec tant de dureté, et, malgré ses autres chagrins, le fermier en parut profondément affecté. Il laissa tomber sa tête dans ses mains, et des sanglots étouffés sortirent de sa poitrine. Tout le monde garda un pénible silence.

Les valets de ferme et les servantes, réunis dans la pièce voisine pour le souper, avaient entendu quelques mots isolés de cette conversation. Plusieurs étaient venus jeter un coup d'œil curieux dans l'apothicaire, par la porte entr'ouverte, mais toujours les éclats de voix et l'air sérieux des interlocuteurs les avaient fait reculer. Au silence qui régnait enfin dans la petite salle basse ils jugèrent le moment favorable pour annoncer que le souper était prêt. Louison, la cuisinière, se décida donc à entrer ; mais, à la vue de la consternation répandue sur les visages, elle ne sut plus que dire, et elle resta muette au milieu de la salle.

— Eh bien ! Louison, demanda madame Lambert avec sévérité, que voulez-vous ?

— Madame... balbutia la lourde et niaise campagnarde.

Et elle s'arrêta court de nouveau.

— Ce qu'elle veut ! s'écria tout à coup le fermier d'une voix de tonnerre, ils veulent, elle et les autres, voir Denis Lambert verser des larmes comme un enfant à qui on a donné le fouet ! Eh bien ! qu'ils regardent... mais qu'ils fassent vite, car j'aurai encore assez d'autorité sur cette canaille pour lui apprendre...

Il n'eut pas la force de continuer ; il retomba sur son siège en proie à un nouvel accès de douleur.

Dès les premiers mots, Louison s'était enfuie, et les curieux, épouvantés, avaient refermé la porte. Un nouveau silence régna dans l'apothicairerie.

Enfin, madame Lambert s'approcha de son fils, et lui dit avec douceur :

— Denis, nos chagrins ne doivent pas nous faire oublier les devoirs de l'hospitalité... notre hôte est fatigué, il a besoin de nourriture peut-être, et Louison, je pense, voulait nous annoncer que le souper était servi...

Le fermier essaya de parler, mais il ne put que faire signe à sa mère de prendre soin du voyageur.

— Et vous, Denis, allez-vous donc vous laisser gagner par le désespoir ? ne voulez-vous pas venir à table ?

Le pauvre Lambert secoua la tête avec une sorte d'ironie, et il murmura d'une voix altérée :

— J'ai soupé, maintenant.

Puis il retomba dans son accablement.

Suzanne craignit de l'irriter en insistant sur ce sujet, et elle engagea l'étranger à la suivre. Duclerc eût désiré refuser peut-être, mais il y avait tant d'autorité dans le geste de madame Lambert, qu'il obéit aussitôt. Le fermier resta immobile et morne à sa place.

— Il est cruellement aigri, dit la Bonne-Femme en introduisant son hôte dans la salle où était servi un simple et modeste repas, mais je connais les moyens de l'apaiser... Il faut le laisser réfléchir ; demain je suis sûre de l'amener à faire tout ce que je désire... Mais vous, monsieur Duclerc, refuserez-vous seul de sacrifier quelque chose au repos d'Adélaïde de Saint-Chaumont ?

— Je vous comprends, madame, répondit Alfred d'un air pensif en s'asseyant machinalement à table ; eh bien ! j'y consens... je quitterai le pays sans chercher à la voir, sans lui parler... Je partirai demain matin... Peut-être un jour trouverez-vous l'occasion de lui dire ce que j'ai fait pour lui épargner un pénible moment !

— N'espérez pas que je le lui dise cela, reprit la Bonne-Femme ; je ne le lui dirai jamais... vous devez être morts l'un pour l'autre !

La présence de Louison empêcha madame Lambert de continuer ; elle se mit à faire les honneurs du repas avec aisance et tranquillité, comme si le funeste changement qui allait s'opérer dans sa position, dans ses habitudes et dans ses affections, fût déjà sorti de sa mémoire.

Cependant le souper fut triste, et, comme on peut le croire, ni l'un ni l'autre ne mangea. Sur la fin, Denis entra dans la salle, sombre, les yeux baissés ; il alla s'asseoir en silence à sa place accoutumée ; puis, sans y penser, il attira vers lui les différents mets placés sur la table, et il se mit à manger, toujours en silence, avec une voracité qui tenait de la frénésie. Madame Lambert et Duclerc le regardaient avec un sentiment pénible englouti, presque sans s'en apercevoir, ce qui devait servir au repas de plusieurs personnes.

Tout à coup, Denis laissa tomber le morceau qu'il approchait de sa bouche, repoussa brusquement son assiette, et, portant la main à son front comme s'il y eût ressenti une douleur poignante, il dit d'une voix rauque et dure :

— Mais que diable fais-je là, moi !

Puis, se levant par un mouvement convulsif, il rejeta sa chaise loin de lui et sortit avec précipitation. On entendit l'escalier qui conduisait à sa chambre résonner sous ses lourds souliers ferrés. Madame Lambert, malgré son énergie, ne put s'empêcher de montrer la plus vive inquiétude. Elle se leva précipitamment à son tour.

— Jamais je n'ai vu Denis dans une affliction pareille, dit-elle avec agitation ; je crains de ne pouvoir l'apaiser aussi vite que je l'avais espéré... Excusez-moi, monsieur Alfred ; dans un moment pénible tel que celui-ci, une mère se doit à son fils avant tout... Je vais voir ce que fait ce pauvre Denis... je l'ai traité peut-être avec trop de sévérité !

En même temps, elle salua du geste et elle sortit rapidement.

L'étranger resta donc seul dans la salle à manger ; peut-être n'était-il pas fâché de se remettre un peu des sentiments violents qui l'avaient agité depuis quelques heures. Il se retira dans un angle obscur, afin de ne pas être observé de trop près par les gens de service, et il chercha à se recueillir. Au-dessus de sa tête, dans la chambre du fermier, il entendait par intervalles des cris étouffés, puis la voix douce et mélodieuse de la Bonne-Femme. Dans la pièce voisine, les valets de ferme et les servantes, réunis au coin du feu, se demandaient à voix basse et avec étonnement quel malheur était venu fondre tout à coup sur cette demeure autrefois si heureuse.

Enfin cependant le bruit s'éteignit à l'étage supérieur, et bientôt madame Lambert entra dans la salle où se tenait Duclerc.

— Vous n'avez guère à vous louer de notre hospitalité, monsieur Alfred, dit la Bonne-Femme avec mélancolie ; aussi quitterez-vous sans peine une maison où l'on est si triste...

— En quelque endroit que j'aille désormais, madame, répondit Alfred avec accablement, je ne rechercherai pas la gaieté.... et pour vous en donner une preuve, j'ai une prière à vous adresser.

— Quelle est-elle ?

— La piété d'Adélaïde a fait élever dans les marais de Saint-Euve, près du lieu où a péri son frère, une petite chapelle où ont été déposées les dépouilles mortelles du malheureux Gustave.... Je ne veux pas quitter l'Oseraie pour bien longtemps, sinon pour toujours, sans être allé verser une larme sur la tombe de mon meilleur ami...

La Bonne-Femme regarda fixement Alfred :

— Peut-être y a-t-il au fond de votre âme une arrière-pensée que vous voudriez vous dissimuler à vous-même... Mais n'importe, monsieur, votre désir me paraît louable, et je n'aurai pas le courage de vous refuser cette consolation... J'ai une clef du monument, car je suis chargée d'entretenir de fleurs l'autel qui couvre le tombeau ; demain matin, avant votre départ, je vous conduirai moi-même à la chapelle... Dieu vous jugera si vous avez d'autre intention que celle de dire aux cendres de votre ami un dernier adieu !

Sans attendre la réponse de Duclerc, elle appela une servante et ordonna de conduire l'étranger à la chambre qui lui était préparée.

La nuit, on peut le croire, fut triste et agitée à la ferme. Cependant, lorsque le jour parut, le voyageur, cédant à la fatigue, s'était endormi d'un sommeil léger et plein de songes lugubres. Quelques coups frappés discrètement à la porte suffirent pour l'éveiller : on venait lui annoncer que madame Lambert l'attendait pour déjeuner.

En peu d'instants il fut habillé et prêt à partir. Lorsqu'il descendit dans la salle basse, il trouva la Bonne-Femme entourée de domestiques et de servantes, qui lui parlaient à demi voix. Elle s'approcha de lui d'un air riant et elle dit, après les premiers compliments, en lui montrant des tasses à café préparées sur la table :

— J'espérais que Denis nous honorerait de sa compagnie pour déjeuner, mais il est sorti avant le jour, sans qu'on sache de quel côté il est allé... Je me propose de bien gronder ce farouche garçon quand nous allons revenir de notre promenade ; cependant vous connaissez trop nos affaires présentes pour ne pas excuser facilement les impolitesses de mon pauvre fils... Mais hâtons-nous, monsieur Alfred ; il y a loin d'ici à la chapelle, et nous pourrions rencontrer en chemin.

— Qui donc, madame ?

— Personne que vous deviez voir, dit la Bonne-Femme avec sévérité ; mais, encore une fois, hâtons-nous... tout le temps que je vous donne je l'ôte à mon pauvre Denis ; et, en ce moment, il a tant besoin de consolations !

V

MARI ET FEMME.

La matinée était fraîche et brumeuse ; le soleil levant avait peine à percer les vapeurs blanches qui pesaient sur le paysage dont le château de l'Oseraie était le centre. Cependant on entrevoyait, comme à travers un voile, les formes légères du bâtiment, surmonté de girouettes aériennes, les flancs verdoyants de la colline qui lui servait de base, les peupliers élancés de l'avenue, les champs jaunis, les prairies luxuriantes de la ferme, puis dans un vague lointain, les eaux argentées du lac, encadrées dans leur bordure de joncs et de glayeuls. Une brise capricieuse, refoulant parfois le brouillard, le rendait plus dense sur un point de la plaine, tandis qu'elle laissait voir le point opposé du tableau dans toute la pureté de ses lignes et l'éclat de ses couleurs ; il en résultait à chaque instant des aspects nouveaux, des effets d'ombre et de lumière que le soleil large et pâle devait faire évanouir à mesure qu'il monterait sur l'horizon.

Cette vaste campagne, ainsi couverte d'un glacis de vapeurs, aurait eu un caractère mélancolique, si mille bruits divers, partis de toutes les directions, n'eussent donné une voix à la solitude. Des gouttes de rosée tombaient de branche en branche à chaque souffle de la brise ; des butors poussaient leurs mugissements étranges dans les tourbières de l'étang, tandis que de petits oiseaux des bois commençaient dans les jardins du château leur ramage varié et éclatant. Par intervalles des claquements de fouet, des chants joyeux se faisaient entendre du côté de la grand'route, ou bien des coups de fusil isolés, retentissant dans le lointain, au milieu des marais, annonçaient que les intrépides braconniers picards comptaient profiter d'un temps si favorable à la chasse des oiseaux aquatiques.

Telle qu'elle était, cette matinée d'automne ne manquait pas de charmes et elle méritait bien qu'on bravât, pour en jouir, le danger de respirer un air frais et piquant. Une fenêtre du château s'ouvrit donc au premier étage ; une jeune femme, en négligé élégant, frileusement enveloppée dans une douillette de soie, vint s'appuyer sur le balcon et admirer en silence ce paysage, dont elle était le plus poétique ornement.

C'était une de ces figures suaves et pures, types de la beauté expressive et intelligente. Les teintes légèrement dorées de son visage, ses yeux vifs et pleins de feu, ses cheveux noirs, dont quelques boucles s'échappaient dans un désordre gracieux sous les dentelles de sa coiffure, annonçaient une femme susceptible d'une grande exaltation dès que ses passions étaient en jeu. Elle semblait âgée de vingt à vingt-deux ans au plus ; malgré sa jeunesse, elle avait un air grave et sérieux qui commandait le respect. Sa nuit avait été agitée sans doute par quelque pensée pénible dont elle voulait se distraire ; mais à la manière dont elle laissait errer son regard sur le paysage, on jugeait qu'elle ne le voyait pas et que des préoccupations secrètes troublaient encore son esprit. Cette dame était Adélaïde Granchamp, la maîtresse du château, la sœur de ce malheureux Gustave de Saint-Chaumont, dont le fermier avait conté la fin déplorable.

Depuis un quart d'heure environ elle était dans cette attitude méditative; son regard, distrait et indifférent d'abord, parut se fixer sur un point particulier de l'horizon et chercher à percer les vapeurs transparentes qui donnaient à tous les objets une forme indécise. Deux personnes suivaient un étroit sentier à travers une prairie, à quelques centaines de pas seulement du château. Sans doute leur présence dans cette direction avait une signification précise pour Adélaïde, car elle se pencha vivement à son balcon en murmurant :

— Oui, c'est bien elle... c'est ma chère Suzanne, et c'est sans doute son fils qui l'accompagne... Pauvres gens! Ils savent tout maintenant, ils ont dû passer une bien mauvaise nuit! Cependant, ils vont encore à la chapelle, peut-être pour faire leurs derniers adieux à leur bon et malheureux ami !... Mais, ingrate que je suis, continua-t-elle en posant sur son front son doigt effilé, ne sommes-nous pas aujourd'hui au 2 septembre? Ne sommes-nous pas au jour anniversaire où mon pauvre frère... Oui, c'est cela, ils ont plus de mémoire que moi; ils vont à la chapelle prier et pleurer... ils ont raison! Gustave les aimait tant! Il ne les eût pas chassés, lui, au lieu que moi, faible femme... Oh ! si je pouvais aller les joindre! je leur parlerais, je leur expliquerais... Eh bien, pourquoi non ? J'irai, je...

— Que regardez-vous là, madame ? demanda tout à coup derrière elle une voix mielleuse.

Elle se retourna avec une espèce d'effroi; son mari venait d'entrer dans sa chambre sans qu'elle l'eût entendu.

Charles Granchamp était, comme Alfred Duclerc, le fils d'un manufacturier qui, longtemps avant l'époque où commence cette histoire, s'était retiré du commerce avec une fortune suffisante pour vivre honorablement en province. Malgré cette origine bourgeoise, l'époux d'Adélaïde avait certaines prétentions à la noblesse; un on aristocratique précédait son nom dans les circonstances d'apparat, bien que d'ordinaire on l'appelât Granchamp tout court, sans exciter des réclamations. Peut-être ces prétentions n'avaient-elles pas été étrangères à l'obsession dont il avait entouré une jeune fille d'une famille ancienne dans le pays, et dont l'illustration devait rehausser la noblesse douteuse du fils de l'ancien industriel; quoiqu'il n'en fût, nous savons déjà comment il s'était lié au collège d'Amiens avec Gustave de Saint-Chaumont, comment il avait disputé la main d'Adélaïde à Duclerc, et enfin par quel concours de circonstances funestes il l'avait emporté sur son rival absent. Il nous reste maintenant à faire connaître plus particulièrement son caractère et sa personne.

Il était âgé d'environ trente ans; mais il était si mince, de si petite taille, qu'on lui en eût donné vingt-cinq à peine. Son visage était maigre et allongé, sa barbe blonde et rare, son teint bilieux ; ses yeux se baissaient vers la terre dès que l'attention se fixait sur lui, et ils exprimaient une grande timidité que ses ennemis prenaient pour de l'hypocrisie. Cependant, il ne manquait ni de distinction ni de dignité lorsqu'il se trouvait en présence de ses inférieurs ou de ceux dont il croyait s'être concilié le suffrage ; mais, en présence d'étrangers ou de personnes auxquelles il supposait des préventions défavorables contre lui, il était inquiet, mal à l'aise ; les regards lui pesaient comme un fardeau. C'était une de ces natures lâches, soupçonneuses, à qui tout semble hostile et qui craignent tout. Il ne s'agit pas ici de cette lâcheté matérielle qui consiste à reculer devant le péril, mais de cette lâcheté morale qui fait que l'on fléchit devant le fort capable de se défendre, que l'on est audacieux et implacable devant le faible. Du reste, un pareil caractère devait être facile à dompter pour une femme ; il s'agissait seulement de montrer une volonté ferme, de refouler ces instincts mauvais et de les dominer; mais, comme nous allons le voir, Adélaïde était trop jeune, trop inexpérimentée, trop faible elle-même, peut-être, pour asservir ce naturel défiant, et alors, elle avait dû nécessairement se laisser asservir par lui.

En voyant son mari si près d'elle, dans un moment où peut-être elle avait un motif de ne pas désirer sa présence, elle parut déconcertée. La figure de Granchamp était calme en apparence, mais ses yeux à demi-fermés dardèrent un rapide regard vers la campagne, pour chercher ce qui occupait Adélaïde avant son arrivée. Du reste, il était déjà habillé comme pour sortir, et la recherche de sa mise, à une heure aussi peu avancée, pouvait paraître extraordinaire. Un costume complet d'Humann, un lorgnon d'or, des bottes vernies, des bagues à tous les doigts, étaient trop somptueux sans doute pour convenir à la solitude où l'on vivait à l'Oseraie ; mais toutes les actions de Granchamps avaient des motifs particuliers dont il gardait seul le secret. Cependant on pouvait raisonnablement supposer, dans la circonstance présente, que cette brillante toilette avait pour but, ou d'éblouir quelque compagnard dont il avait besoin, ou de dissimuler les traces de chagrin et d'insomnie visibles sur son visage fatigué.

Il tenait à la main une lettre ouverte, et il semblait avoir eu l'intention d'en donner connaissance à Adélaïde en pénétrant chez elle si matin.

— Quoi ! c'est vous, mon ami ? dit enfin la jeune femme avec quelque confusion ; je suis souffrante, j'ai voulu respirer un peu d'air pur; mais le brouillard est froid et je vais....

Elle se mit en devoir de fermer la fenêtre : Granchamp lui arrêta doucement le bras et lui demanda de nouveau, en désignant du doigt les deux personnes dont les formes devenaient de plus en plus vagues dans la brume :

— Qui donc regardiez-vous avec tant d'attention, ma chère Adélaïde?

— Mon Dieu ! Charles, répliqua la jeune femme en rougissant, il n'y a aucun mystère à cela : Suzanne et son fils passaient sous mes fenêtres et je songeais....

— A les appeler, à les faire entrer au château? Vous me croyiez sans doute déjà sorti, et vous comptiez recevoir en mon absence des gens que je n'aime pas, que je ne puis souffrir, et dont je suis résolu enfin à nous débarrasser pour toujours... Est-ce ainsi, Adélaïde, que vous respectez mon autorité?

Ces paroles, prononcées d'un ton de reproche, avaient quelque chose d'incisif et d'amer. Adélaïde en parut vivement émue; elle répondit, les larmes aux yeux :

— Charles, ne soyez pas trop sévère ! Eh bien! quand j'aurais eu la pensée de me trouver encore un instant avec Suzanne, serait-ce donc un si grand crime? Vous ne pouvez pas savoir combien sont solides et anciens les liens qui nous unissent à ces pauvres Lambert! ma famille et moi-même, nous avons contracté envers eux des obligations... Mais, continua-t-elle en voyant son mari froncer le sourcil, je vous fâche, je ne reviendrai plus sur ce sujet; seulement, de grâce, mon ami, réfléchissez encore... Peut-être avez-vous raison, peut-être la ferme est-elle mal dirigée par Denis, peut-être est-elle susceptible d'importantes améliorations, peut-être enfin devez-vous choisir un fermier plus intelligent; je suis trop ignorante en agriculture pour apprécier ces raisons... Je dois obéir à vos volontés, tout en déplorant votre rigueur envers de vieux amis... Mais me défendre de voir cette bonne vieille Suzanne, mon institutrice, ma gouvernante, presque ma mère, aurez-vous réellement ce triste courage?

— Je l'aurai, n'en doutez pas! dit Charles d'un ton sec ; vous m'aviez promis, madame, de ne plus me parler de ceci.

— Mais encore une fois, quel motif donnez-vous à cette haine aveugle?

— Écoutez-moi, madame, reprit Grandchamp d'un air d'autorité; votre famille a assez comblé de bienfaits ces Lambert éternels; les propriétaires de l'Oseraie doivent enfin ouvrir les yeux sur les actes de ces intendants audacieux qui prétendent mener tout ici à leur guise... Je n'ai pas vos préjugés à l'égard de ces gens-là; je puis peut-être mieux voir que vous-même les abus de cette inconcevable intimité avec des inférieurs... Ni la mère ni le fils n'ont pour moi le respect qu'ils doivent à leur maître... Enfin, je l'avoue, je suis las de rencontrer ici chaque jour, à chaque heure, cette Suzanne si ridicule avec ses prétentions à la médecine et à la philantropie, avec son costume de paysanne et ses airs de reine... Ces raisons toutes de convenance doivent vous suffire. Mais s'il faut dire encore ma pensée, j'ai pris de l'ombrage de ces longues conversations où elle vous apprend sans doute à regretter le passé, à censurer le présent, à détester votre mari et...

— Oh! ne croyez pas cela, Charles, ne croyez pas cela! s'écria la jeune femme avec un accent de vérité; nous parlons souvent de ma mère, qui était sa bienfaitrice, de ce pauvre Gustave, qu'elle aimait comme son propre fils, mais elle me répète sans cesse que je dois vous chérir et vous estimer par-dessus tout, que mon bonheur dépendra du vôtre...

— Cela est-il bien vrai? demanda Grandchamp en attachant sur elle son regard de basilic; affirmeriez-vous par serment que Suzanne Lambert vous dit tout cela?

— J'en jurerais devant Dieu! j'en prendrais à témoin mon frère et ma mère qui ne sont plus!

Cette assurance solennelle força le mari à baisser les yeux; il resta pensif pendant quelques instants.

— N'importe! reprit-il du ton d'un maître peu inquiet de justifier ses ordres, je vous défends, Adélaïde, d'entretenir désormais avec cette femme des relations qui me déplaisent... je vous défends de chercher à la voir, entendez-vous?

La pauvre femme cacha son visage dans son mouchoir et versa d'abondantes larmes.

— Aussi bien, continua Grandchamp en reprenant sa voix doucereuse, les occasions de vous trouver ensemble ne se présenteront plus.... J'étais venu, ma chère amie, vous annoncer que nous quitterons l'Oseraie demain.

L'étonnement fit taire un moment la douleur d'Adélaïde.

— Serait-il possible, monsieur! dit-elle en relevant la tête; mais nous ne devions pas retourner à Amiens avant un mois?

— Ce n'est pas à Amiens que nous irons passer l'hiver; c'est à Paris.

— A Paris, dont le bruit et le mouvement vous irritent? Mon Dieu, Charles, que se passe-t-il donc? Mon oncle Saint-Chaumont serait-il malade à Paris? Des affaires graves...

— Rien de tout cela, madame, reprit son mari avec un sourire singulier, qui m'eût pu me faire quitter cette solitude avant le délai fixé par moi, si une nouvelle arrivée hier au soir ne m'y avait décidé...

— Une nouvelle? répéta la jeune femme en l'interrogeant du regard.

Grandchamp montra la lettre qu'il tenait à la main, et il dit avec une indifférence affectée, en observant sournoisement la contenance de sa femme :

— Oui, ma chère amie, une nouvelle qui intéresse votre tranquillité... N'allez pas vous effrayer au moins... Il s'agit d'une ancienne connaissance, d'un ami, je veux dire d'un ami de votre frère...

Grandchamp prononçait les mots un à un pour mieux calculer l'effet de sa révélation sur Adélaïde. Celle-ci rougit et pâlit tour à tour.

— De qui voulez-vous parler, Charles? balbutia-t-elle.

— Vous m'avez deviné, reprit il enfin en la fascinant toujours du regard; eh bien! continua-t-il d'un ton bref, comme s'il voulait frapper l'âme impressionnable d'Adélaïde et la forcer de se découvrir dans l'excès de son émotion, cette lettre m'apprend qu'Alfred Duclerc est vivant, qu'il est de retour en France, qu'il est à Amiens et que d'un moment à l'autre il peut venir ici...

Ce coup était trop violent pour la pauvre jeune femme; elle chancela et tomba sur un siège à demi-évanouie.

— Elle l'aime encore! pensa Granchamp avec rage.

Cependant, il se garda bien de laisser entrevoir ce soupçon à Adélaïde; prenant son air le plus caressant, il se pencha vers elle avec un affectueux empressement.

— Allons! vous vous effrayez déjà! dit-il en lui baisant la main. Enfant! avez-vous jamais pu considérer comme sérieux ces engagements romanesques? D'ailleurs, si ce monsieur était d'assez mauvaise compagnie pour rappeler au souvenir d'une femme mariée, d'une mère de famille, ces niaiseries sentimentales, n'auriez vous pas une excuse suffisante dans la mort supposée de votre aventurier, dans l'estime, l'affection qu'un autre a su vous inspirer en son absence!... Cependant, ajouta-t-il, prenant un air de fausse bonhomie, il vaut mieux éviter ces sottes explications et nous retirer à Paris, n'est-il pas vrai, ma chère amie? Peut-être, et cela est probable, M. Duclerc, qui ne se piquait pas autrefois d'une grande sévérité de mœurs, vous a-t-il un peu oubliée avec les femmes de l'autre monde! Mais il faut prévoir la possibilité du contraire, et, pour vous soustraire à quelque scène pathétique, je suis résolu à ce voyage... Vous m'approuvez, n'est-ce pas, ma bonne?

La jeune femme jeta ses bras autour du cou de son mari.

— Oui, Charles, emmenez-moi! que je ne le voie pas, que je ne l'entende pas me reprocher... Oh! mon Dieu, mon Dieu, que dira-t-il?

Grandchamp se dégagea doucement de cette étreinte convulsive, força Adélaïde à se rasseoir, la regarda un moment, puis il se mit à se promener lentement dans la chambre. Bientôt il s'arrêta de nouveau devant elle, sans rien dire; Adélaïde tourmentait ses yeux sous son mouchoir pour refouler les larmes qui jaillissaient malgré elle; elle le sentait vaguement, tous ces signes d'émotion devaient entretenir des soupçons terribles dans l'esprit de son mari.

— Vous pleurez? dit-il enfin avec ironie, mais, sur ma foi! vos larmes sont bien des larmes de femme; on ne sait si c'est la joie ou la douleur qui les fait verser.

— Pardonnez-moi, Charles! la surprise, le saisissement, sont la cause...

— Et pourquoi, madame, ne serait-ce pas le regret?

— Oh! non, non, Charles, repoussez cette pensée! s'écria Adélaïde dans un trouble inexprimable; quels qu'aient été mes sentiments passés pour... celui dont vous parlez, je ne puis oublier ce que je dois à mon époux, au père de mon enfant, au généreux ami de Gustave...

Grandchamp parut réfléchir à la portée de cette réponse et en peser avec soin les expressions.

— Ainsi donc c'est convenu, reprit-il tout à coup et sans transition, en se préparant à sortir, nous partirons demain... Je vais chez Ravinot, notre nouveau fermier, prendre les arrangements définitifs. Je compte le ramener ici pour déjeuner, car on ne vient à bout de ces gens-là qu'à table... Et vous, ma chère, comment emploierez-vous le temps en mon absence?

Cette tranquillité singulière, après une conversation si grave, augmenta encore le malaise d'Adélaïde.

— Moi, mon ami? répondit-elle presque sans savoir

Elle se retourna avec effroi, son mari venait d'entrer.— Page 14, col. 1re.

ce qu'elle disait, je n'ai aucun projet... Mais vous me faites souvenir... je comptais aller ce matin à la chapelle de Saint-Euve ; n'est-ce pas aujourd'hui le 2 septembre, le jour anniversaire de la mort de ce pauvre Gustave ?

— Le 2 septembre ? répéta Grandchamp, dont les traits s'altérèrent sensiblement malgré son pouvoir sur lui-même, il y a donc aujourd'hui trois ans...

— Que nous avons perdu, vous, votre meilleur ami, moi, un frère adoré... et cependant, Charles, continua-t-elle en levant ses yeux noirs et pleins de feu sur son mari, j'ai trouvé une consolation dans mon malheur même ; cette affreuse catastrophe m'a fait connaître tout le courage, toute la grandeur d'âme, toute la générosité de celui qui devait être mon époux !

Grandchamp se redressa avec impatience.

— Toujours cette pensée ! dit-il d'un ton sombre ; mon seul mérite à vos yeux tient au souvenir de cet épouvantable évènement !

— Et quand cela serait, Charles ? s'écria Adélaïde en appuyant une main sur le bras de Grandchamp d'un air d'enthousiasme. Oh ! ne souhaitez pas que je chasse de mon cœur ce triste souvenir ! Avec lui je suis sûre de n'encourir jamais de votre part un reproche mérité ; avec lui je suis forte et courageuse pour supporter l'inégalité, la bizarrerie de votre humeur ; par lui vous me semblez plus noble, plus digne d'affection, d'estime et de respect ; par lui notre enfant lui-même me semble plus aimable et plus cher !

Évidemment la jeune femme, au moment où elle sentait renaître un ancien et premier amour, cherchait à se raffermir dans son devoir par la reconnaissance. Grandchamp, trop habile pour ne pas démêler ce sentiment dans les paroles d'Adélaïde, eut cependant l'imprudence de le froisser.

— Je sais jusqu'où peut s'étendre cette affection dont vous me parlez, dit-il avec amertume ; mais, n'importe ! vous êtes à moi devant Dieu et devant les hommes, et il faudra bien que vous remplissiez vos devoirs... Adieu, ma bonne amie, ajouta-t-il d'un ton caressant qui contrastait avec sa dureté d'auparavant.

Il déposa un baiser froid sur le front d'Adélaïde, et sortit de la chambre, laissant sa femme surprise et consternée de sa maladresse.

Elle resta quelques instants rêveuse ; puis, elle se mit à achever sa toilette en murmurant d'un air égaré :

— Pauvre Charles ! il n'a rien vu, il n'a rien deviné... il s'éloigne dans un moment où tout me fait peur, même ma propre pensée... Heureusement je sais où trouver Suzanne ! Charles m'a défendu de la voir, il est vrai ; mais s'il pouvait deviner ce qui se passe dans mon cœur, il me pardonnerait facilement de lui avoir désobéi ; je dirai tout à ma bonne vieille amie, ce que j'éprouve, ce que je désire, ce que je crains... elle me consolera, elle raffermira mon courage, et d'ailleurs elle sera si puissante, si persuasive en présence du tombeau de Gustave !

Adélaïde s'était enveloppée dans un châle propre à résister à la fraîcheur de la matinée ; elle avait encadré son visage dans un gracieux chapeau de velours noir. Cependant, avant de sortir, elle s'approcha de la fenêtre ; elle aperçut son mari qui marchait précipitamment à l'extrémité de l'avenue et se dirigeait vers la grand'route. Elle hésita encore.

— Il m'a défendu de revoir Suzanne, reprit-elle, et il s'éloigne avec confiance ! Je devrais peut-être... Mais que deviendrais-je, grand Dieu ! si Alfred se présentait tout à coup devant moi ? Non, non, Suzanne peut seule me sauver de moi-même, m'éclairer et me plaindre...

Un rayon de soleil éclairait la vieille Suzanne prosternée devant le tombeau. — Page 18, col. 1re.

En même temps elle quitta brusquement sa chambre et sortit du château sans être aperçue des domestiques.

VI

LE TOMBEAU.

Nous savons déjà que l'endroit où avait péri Gustave de Saint-Chaumont et où la piété de sa sœur avait fait élever une chapelle, était situé à une certaine distance de l'Oseraie. Mais Adélaïde connaissait trop bien les localités, elle était trop aimée des habitants du voisinage, pour avoir la pensée qu'elle pouvait courir quelque danger. Elle s'enfonça donc courageusement dans la campagne.

Le chemin ou plutôt le sentier qu'elle devait suivre longeait la rive du vaste étang dont nous avons parlé; c'était une étroite chaussée dont le sol n'était toujours ni sec ni sûr, car dans la saison des pluies, les eaux l'envahissaient fréquemment. Ce chemin ne conduisait pas plus loin que la chapelle où se trouvait le tombeau de Gustave de Saint-Chaumont, et cette destination ajoutait quelque chose de triste à l'aspect sauvage du paysage environnant. Souvent il traversait des tourbières, des landes stériles, où végétaient quelques maigres buissons, quelques saules rabougris; d'autres fois, il s'enfonçait franchement au milieu de ces grands roseaux verts qu'on appelle des *fouailles* en Picardie, et qui couvrent d'ordinaire une grande étendue de terrain. Alors la campagne, les eaux dormantes du lac avec leurs fleurs de nénuphar, les collines éloignées avec leurs fermes à mi-côte et leurs champs cultivés, disparaissaient aux regards de la promeneuse; elle ne voyait plus que le ciel au-dessus de sa tête; à droite et à gauche, deux murailles mobiles de roseaux la cachaient tout entière et, au moindre souffle du vent, s'abaissaient sur elle en se heurtant avec une harmonie singulière. Si un chasseur, égaré dans ces marais, se fût trouvé tout à coup face à face avec cette jeune et belle femme qui se glissait rapidement dans ces retraites solitaires, sous ces tremblants épis aquatiques, il eût nécessairement attribué à quelque cause surnaturelle cette gracieuse apparition.

Adélaïde s'éloignait de plus en plus des habitations, mais elle ne semblait pas s'en inquiéter. Le brouillard qui couvrait la campagne depuis le matin s'était dissipé peu à peu; le soleil brillait de tout son éclat; la jeune femme n'avait donc pas à craindre de se perdre dans ces marais dangereux où avait déjà péri son frère. Elle marchait d'un pas inégal, mais rapide, sans tressaillir au bruit du vanneau ou du pluvier se glissant, comme elle, dans les coulées à travers les joncs, sans s'effrayer au moment où le héron partait tout à coup sous ses pas en fouettant l'air de son aile puissante; elle ne voyait rien, n'entendait rien; elle avançait machinalement sans songer à la solitude qui régnait autour d'elle.

Enfin, cependant, elle leva la tête, et elle aperçut, à quelque distance, à travers les roseaux, la croix de fer doré qui surmontait la chapelle.

Le monument s'élevait sur une esplanade d'une centaine de pieds carrés dont on avait raffermi le terrain à grand'peine; c'était visiblement un espace conquis sur le marais, à force de dépense et de travail. A quelque distance, sur le côté, était la mollière où Gustave avait péri; en ce moment, par un contraste étrange, une jolie poule d'eau se jouait à la surface avec ses poussins. Quant au monument lui-même, rien n'était plus simple et en même temps plus convenable : il consistait en un édifice carré de pierres blanches, recouvert de zinc. A chacune des faces latérales était une fenêtre grillée de forme ogivale; sur une table de marbre, placée au-dessus de la porte, une inscription en lettres d'or rappelait brièvement l'événement funeste qui avait donné lieu à cette fondation. L'intérieur était aussi simple que l'extérieur ; un tombeau de marbre blanc formait une espèce d'autel sur lequel des vases de porcelaine étaient constamment garnis de fleurs fraiches par les soins d'Adélaïde ou de Suzanne. Un christ de bronze surmontait le tombeau ; un prie-Dieu, quelques chaises étaient les seuls meubles que contînt la chapelle.

Cette petite construction, perdue dans ce lieu désert, au centre de marais inabordables et dangereux, où l'on n'entendait d'autres bruits que les cris des oiseaux sauvages, à deux pas de l'endroit où avait péri si misérablement un jeune homme plein de force et d'avenir, avait réellement un caractère mélancolique et religieux. Aussi, à mesure qu'elle approchait, Adélaïde éprouvait-elle un trouble indéfinissable ; les souvenirs de son frère bien-aimé lui revenaient en foule et, cette fois, sans mélange de préoccupations étrangères.

Elle fut forcée de s'arrêter à quelques pas de la chapelle, car elle se sentait défaillir. La porte était ouverte et la jeune femme put jeter un regard dans l'intérieur de l'édifice. Un rayon de soleil, pénétrant à travers les vitraux, éclairait la vieille Suzanne prosternée devant le tombeau ; un homme était debout dans la pénombre, un bras appuyé contre la muraille, les yeux baissés, dans une attitude contemplative.

La vue de sa mère adoptive rendit à madame Grandchamp son courage ; elle entra dans la chapelle et elle se prosterna avec recueillement, à côté de Suzanne.

Cette apparition inattendue frappa vivement la Bonne-Femme ; elle poussa un léger cri de surprise, et, pendant que la pieuse sœur payait à la dépouille mortelle de Gustave son tribut de larmes et de prières, elle fit à son compagnon un signe impérieux de s'éloigner. Celui-ci, au lieu d'obéir, se tourna vers le tombeau, croisa ses bras sur sa poitrine et contempla avec une sombre opiniâtreté la jeune femme agenouillée. Au même instant, Adélaïde se jeta dans les bras de madame Lambert en lui disant d'une voix entrecoupée de sanglots :

— C'est vous que je cherche, Suzanne... j'ai besoin de votre appui, de vos conseils, de votre amitié... Oh ! si vous saviez quelle étrange nouvelle...

— Pourquoi ce chagrin, mon enfant ? interrompit la Bonne-Femme d'un ton distrait en adressant un geste suppliant à l'étranger qu'Adélaïde n'avait pas encore remarqué ; pourquoi être venue me chercher jusqu'ici, malgré l'ordre formel de votre mari ? Ne craignez-vous pas que Dieu ne vous punisse de cette faute, de cette imprudence ?

—Oh ! vous m'excuserez, quand vous saurez le motif de ma venue, dit Adélaïde avec chaleur en désignant un siège à madame Lambert et en s'asseyant elle-même ; j'ai tant de choses à vous apprendre.... mais par où commencer, bon Dieu !

Puis, s'apercevant qu'elle n'était pas seule avec Suzanne, elle se tourna vers celui qu'elle croyait être le fermier de l'Oseraie, et elle reprit avec douceur :

— Laissez-nous un instant, mon pauvre Denis... Vous me trouvez bien coupable ! vous me plaindrez peut-être lorsque vous saurez la vérité... Nous allons causer tout à l'heure de vos affaires, mais permettez-moi...

Elle bondit sur sa chaise.

— Mais ce n'est pas Denis ! s'écria-t-elle en regardant fixement l'étranger.

Il y eut un moment de profond silence. Madame Grandchamp pâlissait et frissonnait sans pouvoir détourner les yeux de cet homme mystérieux qu'elle avait cru mort pendant si longtemps et qui surgissait tout à coup auprès d'un tombeau. Enfin, elle le reconnut tout à fait ; elle se rejeta vivement en arrière, et elle murmura en saisissant convulsivement le bras de Suzanne :

— C'est lui... protégez-moi.

Alfred Duclerc sortit enfin de son immobilité de statue :

— Je vous fais peur, Adélaïde ? dit-il avec un abattement profond ? ce n'est pas là le sentiment que je comptais vous inspirer à mon retour, lorsque je voyageais aux extrémités du monde ! Cependant si le hasard nous a réunis ici...

— Le hasard ! répéta la Bonne-Femme en levant les yeux au ciel ; c'est plutôt le décret impénétrable de la Providence ! Dieu a voulu que, malgré mes efforts, cette entrevue eût lieu dans cette chapelle, en présence de ce tombeau...

Madame Grandchamp s'était remise un peu ; l'imminence du péril lui avait donné cette présence d'esprit qui résulte de la tension de toutes les facultés. Elle releva la tête et elle reprit d'une voix relativement plus assurée :

— Vous exigez sans doute une explication, monsieur, je ne l'éviterai pas, surtout dans ce lieu sanctifié. Celui qui est couché sous ce marbre fut témoin de mes engagements ; je ne crains pas qu'il sache comment je les ai rompus pour ma part... si donc, je dois une fois répondre à vos questions, parlez, monsieur, car, songez-y bien, passé cet instant, nous ne nous reverrons jamais.

Duclerc réfléchit quelques minutes.

— Vous attendez de longs et amers reproches, Adélaïde, et peut-être, au fond de votre cœur, les croyez-vous mérités ; mais rassurez-vous, je ne profiterai pas de votre condescendance à m'écouter pour vous faire entendre l'expression violente de mes chagrins, de mes regrets. Non ; je vous adresserai qu'une question, et je vous adjure, au nom de ce frère que nous pleurons tous les deux, de me répondre sans détour ; après quoi nous pourrons nous dire adieu pour la vie !

Il s'arrêta encore ; Adélaïde s'agita d'un air ému. Il reprit avec une espèce de solennité :

— Je le sais, madame, rien n'est changeant et capricieux comme le cœur des femmes, et bien peu d'entre elles ont la force d'aimer longtemps, d'aimer toujours... Cependant (pardonnez-moi cette illusion !) j'avais espéré que cette liaison d'autrefois, basée sur une estime réciproque, sur une intimité d'enfance, sanctionnée par le consentement de votre digne frère, approuvée hautement par vos amis et vos proches, jetterait dans votre âme des racines profondes et solides. Mon aveuglement était tel que la pensée d'une trahison de votre part ne m'était pas venue un seul instant au milieu des fatigues et des dangers de mes pérégrinations lointaines. Aussi, Adélaïde, ai-je besoin d'apprendre de votre bouche si cette union que je déplore a été conclue librement par vous... Oh ! par pitié, ne me cachez rien ! sans doute on a employé la calomnie pour arracher de votre cœur le souvenir d'un homme à qui vous apparteniez déjà devant Dieu ! Parlez, et ne craignez pas de dire la vérité... Je n'ai de pensées de vengeance contre personne ; celui dont vous portez le nom, lors même qu'il aurait détruit tout mon bonheur par des moyens coupables, serait à l'abri de ma colère ; je ne pourrais oublier qu'il est aujourd'hui votre mari... Ce que je vous demande, Adélaïde, c'est une pensée consolante pour l'avenir... Laissez-moi croire qu'une sorte de fatalité a tout fait, que votre cœur a lutté et résisté longtemps, que vous avez cédé aux convenances, aux obsessions, ou tout au moins à quelque sentiment exagéré et mal compris de gratitude, mais non pas à un sentiment d'affection.

Madame Grandchamp se leva avec dignité.

— De quel droit, monsieur, dit-elle froidement, osez-vous demander à une épouse, à une mère, un pareil aveu ? En vérité, je pourrais vous accuser d'une étrange présomption ! Pourquoi n'aurais-je pas transporté sur un autre cet intérêt que je vous avais voué, il est vrai, dans d'autres circonstances ? Pourquoi n'aurais-je pas accepté que par des motifs de convenance, ou par un fol enthousiasme, la main de l'homme généreux devenu aujourd'hui mon soutien ? Qui vous a donné le droit de soupçonner sa loyauté, de voir en moi le prix d'une calomnie ou d'une coupable menée ? On n'a employé, pour obtenir mon libre consentement, d'autres moyens qu'une conduite franche, une affection profonde, un dévouement courageux... La nouvelle de votre mort m'avait dégagée de toute promesse antérieure ; me voyant seule, sans appui dans le monde, je me suis décidée avec joie à devenir la compagne d'un homme honorable... Je ne m'en repens pas. Voilà la vérité, monsieur, et aucune considération ne pourra me la faire altérer.

Madame Lambert encouragea sa pupille d'un geste approbateur. Duclerc s'appuya contre le tombeau avec accablement.

— Vous ne m'avez pas compris, reprit-il avec un accent de douloureux reproche, et vous m'enviez jusqu'à la misérable consolation de penser qu'on vous a trompée par des raisonnements captieux, entraînée par des mensonges... Vous ne voulez pas me laisser la pensée que vous avez hésité un seul jour, que vous avez donné un regret à l'absent, un soupir à celui qu'on disait enseveli dans l'Océan !... Vous me déclarez sans ménagement que vous avez violé vos anciennes promesses, renié à tout jamais ce sentiment dont j'étais si fier, contracté avec joie une union dont la pensée fera le supplice de toute ma vie. Et vous n'avez pas de pitié pour moi, pas un signe de regret, pas une parole de consolation ! Adélaïde, Adélaïde, le devoir exige-t-il tant de dureté ?

Deux larmes perlèrent aux longs cils bruns d'Alfred et roulèrent lentement sur ses joues. Ces signes d'une profonde douleur de la part du jeune homme qu'elle avait connu si étourdi et si gai frappèrent madame Grandchamp. Elle se troubla, son regard devint humide.

Suzanne l'observait avec inquiétude, et elle lui dit à l'oreille quelques paroles rapides. Duclerc n'entendit pas ces paroles, mais il remarqua l'action de la Bonne-Femme.

— Madame, reprit-il avec douceur, je ne saurais désapprouver votre confiance absolue dans cette excellente madame Lambert ; mais notre entretien n'était-il pas suffisamment sanctifié par le lieu où nous sommes ?

Suzanne regarda sa compagne pour deviner sa volonté ; mais Adélaïde saisit son bras : — Restez, murmura-t-elle.

Puis, comprenant qu'elle venait de montrer peut-être trop de défiance d'elle-même, elle reprit avec moins de sécheresse :

— Monsieur Duclerc a tort de m'accuser d'ingratitude et d'oubli... Suzanne pourrait lui dire combien j'étais sincère autrefois dans mes sentiments d'estime pour l'ami de mon frère... Mais il n'est plus temps de revenir sur le passé, et tout reproche est superflu... J'ai fourni avec franchise l'explication que vous avez le droit d'exiger, nous devons, monsieur, nous dire adieu ; vous estimerez assez ma tranquillité, je l'espère, pour que cet adieu soit éternel.

Elle s'inclina et elle parut vouloir sortir avec Suzanne dont elle tenait toujours le bras. Le jeune homme s'élança pour la retenir :

— Oh ! de grâce, Adélaïde, encore un instant ! s'écria-t-il désespéré ; j'avais une foule de questions à vous adresser ; mais mes idées s'égarent, ma tête se brise... du moins, Adélaïde, dites-moi si vous êtes heureuse ?

— Si cette question est inspirée par un sentiment d'intérêt pour moi, je ne puis refuser d'y répondre, répliqua madame Grandchamp froidement ; je suis aussi heureuse que peut l'être une femme dont les désirs sont modestes, dont la conscience est pure, et qui a toute confiance dans son mari.

Cette persistance d'Adélaïde à repousser ses sentiments les plus généreux, à lui rappeler une cruelle et désolante réalité, éveilla chez Alfred Duclerc une sorte de colère.

— Heureuse ! répéta-t-il avec amertume ; et cependant, madame, tout à l'heure, j'ai été le témoin de cette grande douleur que vous vouliez épancher dans le sein de Suzanne ! Heureuse ! et l'on a chassé honteusement de chez vous une amie respectable, qui depuis votre enfance vous a comblée de soins, et cela précisément parce qu'elle vous aime, vous, parce que, elle et les siens, sont dévoués depuis cinquante ans à votre famille !... Cette fois, Adélaïde, votre fanatisme de devoir, votre désir ardent de désespérer un malheureux vous ont entraînée trop loin... vous avez dépassé le but ; je ne puis vous croire !

La pauvre femme ne conserva pas son attitude ferme et courageuse ; elle essaya de balbutier une réponse ; les sanglots lui coupèrent la parole. Madame Lambert, avec cette présence d'esprit que lui avait donnée une longue expérience de la vie, sentit quel avantage Duclerc pourrait tirer de ce silence ; elle vint au secours de sa chère Adélaïde :

— Vous ne savez pas, monsieur, dit-elle d'une voix sévère, quelles consolations une âme chrétienne trouve dans la religion, et vous ne comprenez pas qu'une faible femme, dont l'existence est traversée par les chagrins inséparables de la condition humaine, puisse se dire heureuse... Cependant, monsieur Alfred, je suis moi-même un exemple de ce bonheur intérieur de l'âme que les orages et les tempêtes du monde ne peuvent troubler. J'ai vu de bien mauvais jours !... autant qu'une autre peut-être j'aurais eu sujet de faire entendre des plaintes, d'accuser la destinée ; mais je n'ai jamais osé me dire malheureuse, parce qu'il y a toujours du bonheur à accomplir un devoir, à supporter noblement les épreuves de la vie. C'est de ce bonheur sans doute que madame Grandchamp a voulu parler ; il n'y en a pas d'autre sur la terre... Quant à cette séparation prochaine à laquelle vous attribuez les chagrins de ma bonne jeune maîtresse, elle ne peut pas être inattendue pour elle ! Je suis arrivée au terme de ma carrière, et si une volonté à laquelle nous devons obéir, elle et moi, ne nous séparait pas, la mort ne se chargerait-elle pas bientôt de le faire ?... Mais, continua-t-elle d'un ton différent, de pareilles discussions sont inutiles en ce moment. Il est temps de mettre fin à cette entrevue ; peut-être n'aurait-elle pas dû avoir lieu !... Adieu, monsieur Alfred ; ne nous suivez pas... votre devoir est nettement tracé ; nous verrons si vous aurez le courage de l'accomplir ! Je vais vous attendre à la ferme et je vous rappellerai votre promesse de quitter sur-le-champ l'Oseraie.

Tout en parlant, elle entraînait Adélaïde tremblante. Au moment où elles allaient quitter la chapelle, Alfred sortit de l'espèce de stupeur où l'avait jeté l'indifférence apparente de son ancienne fiancée, et il s'écria d'une voix déchirante :

— Adélaïde ! Adélaïde !

La jeune femme n'eut ni le temps ni le courage de se retourner ou de lui adresser une parole. Elle ne put qu'agiter son mouchoir trempé de larmes, en signe d'adieu. Suzanne la sentant défaillir, l'entraînait toujours. Elles ne ralentirent le pas que lorsqu'elles furent à quelque distance du tombeau, cachées dans les grands roseaux qui bordaient le sentier. Alors Adélaïde se jeta convulsivement au cou de la bonne femme, et elle lui dit en l'embrassant avec une sorte de frénésie :

— Suzanne, vous m'avez sauvée... bien des fois j'ai été sur le point de laisser échapper mon secret !

— C'était ce que je craignais, ma fille, et voilà pourquoi je voulais qu'il partît sans vous avoir vue... Dieu en a décidé autrement !

— Quoi ! ma bonne mère, vous savez donc...

— Que vous l'aimez encore ?... Je l'ai deviné, pauvre enfant ! Hélas ! il n'a pas dépendu de moi que cette épreuve douloureuse vous fût épargnée !

Adélaïde cacha son visage dans le sein de sa vieille amie, et elles se tinrent un moment embrassées.

VII

LA LUTTE.

Cependant Alfred Duclerc était resté sur le seuil de la chapelle. Il suivit du regard les deux femmes qui s'éloignaient ; puis, lorsqu'il n'entendit plus le bruit léger de leurs pas, le murmure de leurs voix, il se jeta sur un siège et versa d'abondantes larmes qu'il croyait sans témoins.

Tout à coup quelqu'un pénétra dans le monument par la porte entr'ouverte ; de gros souliers ferrés résonnèrent sur les dalles. Le jeune homme s'essuya rapidement les yeux et se retourna pour voir quel était l'importun qui venait ainsi gêner sa douleur.

C'était Denis Lambert ; le fermier, encore vêtu et équipé comme pour la chasse, son fusil sur l'épaule, tenait sa casquette de loutre à la main par respect pour la sainteté du lieu. Son visage, si épanoui et si gai la veille encore, avait subi en une seule nuit une altération effrayante. Il était très-pâle ; ses yeux brillaient d'un éclat fiévreux. Il déposa son fusil derrière la porte, et, s'avançant vers Alfred, il lui dit d'une voix rauque à laquelle il cherchait pourtant à donner de la jovialité :

— Eh bien ! vous l'avez vue, mon brave garçon ? Allons, parlez franchement et ne vous défiez pas de moi... J'étais là, derrière la muraille de la chapelle, lorsqu'elles sont sorties... La petite dame vous a-t-elle dit quelque bonne parole au moins ?

— Aucune.

— Vrai ? eh bien ! je vais vous expliquer pourquoi ; c'est que ma mère était là... La Bonne-Femme vous a une manière de tourner les choses ! l'on en passe toujours par où elle veut. Moi qui vous parle, elle m'a *entortillé* plus d'une fois, allez ! Mais, maintenant, j'ai changé de méthode ; je la laisse prêcher, je promets tout ce qu'elle demande, puis je m'arrange pour agir à ma guise... Elle a passé la nuit dernière à me sermonner, et cela ne m'a pas empêché... Tenez, la jeune maîtresse vous aura juré que son mari était mignon, bien gentil, et qu'ils roucoulaient ensemble comme un couple de pigeons dans le colombier, n'est-ce pas ?

— Pas tout à fait, mais elle a été impitoyable...

— Eh bien ! c'est la mère Lambert qui lui a soufflé ça, voyez-vous ! reprit le fermier en riant d'un rire forcé ; je ne comprends pas qu'une sainte comme elle puisse dire et faire dire aux autres des mensonges aussi gros que des meules de foin... Je sais la vérité, moi ; j'apprends de temps en temps ce qui se passe là-bas, au château, et, croyez-moi, la pauvre femme verse plus de larmes...

— Cela est-il vrai ? demanda Alfred avec agitation ; pensez-vous réellement qu'Adélaïde se repente déjà ?

— Hier je n'en étais pas bien sûr, aujourd'hui j'en mettrais mes deux mains au feu... elle a gardé pour vous quelque chose comme une amourette... elle n'a pas voulu en convenir, parce que ma mère la mangeait des yeux ; mais ça y est tout de même, monsieur Alfred, ça y est aussi sûrement que je m'appelle Denis !

— Plût à Dieu ! répliqua Alfred chaleureusement ; et cependant à quoi me servirait maintenant que mon amour fût partagé ?

— A quoi ça vous servirait ? répéta Lambert avec un accent singulier, à l'épouser donc ! quand le moment serait venu.

— L'épouser ! êtes-vous fou ?

Denis baissa la tête et sembla tomber dans une sombre rêverie.

— Vous avez quitté la ferme de bien bonne heure, Denis, reprit Duclerc avec effort ; votre mère avait conçu quelque inquiétude de votre absence ; mais vous revenez de la chasse, à ce que je vois... Vous êtes heureux de pouvoir ainsi oublier vos chagrins en vous livrant à vos distractions ordinaires !

— Le gibier que je cherche n'est pas un gibier ordinaire, répondit le fermier en souriant d'un air sombre, et j'ai voulu me poster de bonne heure, afin de le tirer pendant qu'il ferait sa randonnée... Eh bien ! monsieur, le croiriez-vous ? j'ai laissé la bête passer à bonne portée sans lui envoyer mon plomb... Oui, c'est absolument comme je vous le dis... Quand je suis sorti de chez moi, ce matin, j'avais dans la tête une idée que le diable et l'autre diable n'en eussent pas arrachée ; mais, au moment d'agir, il m'est venu tout à coup une autre idée... j'ai couru toute la matinée pour vous chercher afin de vous communiquer la chose...

— A moi ?

— A vous-même ; je suis allé à la ferme, et on m'a appris que vous étiez à la chapelle avec ma mère. Je n'avais pas absolument besoin de voir la Bonne-Femme ; elle eût recommencé à sermonner, ce que je n'aime guère ! Cependant, je me suis dirigé de ce côté, à travers les marais, par un chemin que je ne conseillerais pas de prendre à quelqu'un qui ne connaîtrait pas le pays comme moi ; je suis arrivé au moment où vous étiez en grande conférence avec ces dames ; je me suis caché en attendant leur départ, car je savais Suzanne trop prudente pour vous amener avec elles au risque de rencontrer l'autre... Maintenant, je désirerais causer un petit brin avec vous.

— Eh bien ! parlez, monsieur Denis, répliqua Duclerc avec étonnement ; que voulez-vous me dire ?...

— Mais, continua-t-il en jetant autour de lui un regard rapide, nous ne devrions pas troubler par des causeries profanes le calme de ce monument consacré au souvenir d'un ami qui n'est plus !.

— Laissez, laissez, dit le fermier avec une sorte d'égarement en se tournant vers le tombeau, si celui qui est là peut encore m'entendre, il ne craint pas de lui donner sa part dans la confidence ; je suis un fidèle ami des Saint-Chaumont, moi, je ne veux que leur bonheur, et si je fais mal... Mais je rêve, ajouta-t-il brusquement, il ne peut pas nous entendre !

Il alla fermer la porte de la chapelle, puis il vint s'asseoir en face d'Alfred et appuya sa main sur son front d'un air de souffrance.

— Voyons, franchement, dit-il tout à coup de sa voix rude, croyez-vous, monsieur, qu'il y ait au ciel un bon Dieu qui voit tout, qui récompense les braves gens et punit les *canailles*, comme il y en a tant sur la terre ?

— Et pouvez-vous douter ? s'écria Duclerc, sur qui ce scepticisme grossier produisit une expression pénible.

— Eh bien ! sauf votre respect, reprit le fermier d'un air sombre, c'est un mensonge que nous font là les curés. Je ne leur en veux pas, aux curés ! c'est leur état, et les bonnes femmes, entre autres, leur donnent pour dire cela des œufs, du blé et de l'argent... Mais, là, entre nous, qui sommes des hommes, toutes ces histoires sont des contes à dormir debout.

Alfred Duclerc n'avait peut-être pas des idées religieuses bien profondément enracinées ; mais les paroles de Denis excitèrent en lui un sentiment de mépris.

— Monsieur Lambert, dit-il sévèrement, ce n'est pas sans doute pour faire parade de votre impiété que vous avez désiré me parler ; je vous prie donc de cesser vos blasphèmes ; ils ne sont convenables nulle part... surtout ici.

Mais le fermier, absorbé par sa pensée, ne l'avait pas entendu.

— Car enfin, continua-t-il en serrant les poings, s'il y avait un bon Dieu, comme on le dit, souffrirait-il des infamies pareilles à celles qui se passent à chaque instant sous mes yeux ? Ainsi voyez, par exemple, ce qui est arrivé à ce pauvre M. Gustave : c'était ça un brave garçon, bien franc, bien généreux ! tout le monde à l'Oseraie, depuis les petits enfants jusqu'aux vieillards, l'aimait à l'adoration ! Eh bien ! un jour qu'il chassait dans le marais avec un fieron étranger dont personne ne se souciait, il tombe sur la mollière qui est là à la porte, et il meurt ; le mauvais garnement s'en tire, change d'habit, et le voilà plus pimpant que jamais. Est-ce juste, cela! Viendra-t-on encore parler de la Providence?... Mais ce n'est pas tout : voici vous, monsieur Alfred, vous êtes certainement un beau et loyal jeune homme, tout comme notre jeune maîtresse était une belle et aimable personne; vous vous aimiez l'un et l'autre, vous vous fussiez épousés, vous eussiez été heureux, et tout le monde eût été content. Eh bien! mon chenapan, profitant de votre absence pour en conter à la jolie petite et à sa vieille ganache de tuteur, a épousé Adélaïde; vous revenez et vous voilà malheureux, elle et vous, pour le reste de votre vie... Dites, est-ce juste encore, cela? Et puis, moi qui vous parle, n'ai-je pas toujours bien fait valoir la ferme de l'Oseraie? trouverait-on dans le pays de plus beaux foins, des blés plus épais, des bœufs plus gras, des moutons de plus belle espèce? Cette ferme, voyez-vous, j'y suis né, et je comptais y mourir, comme mon père y est mort... Il n'y a pas dans toute la propriété un grain de terre que je n'aie remué moi-même, un arbre que je n'aie émondé, un brin d'herbe que je n'aie vu pousser; dans mes mains, l'Oseraie vaut deux fois plus que dans les mains d'un autre... Sur ma parole, je consentirais à la cultiver pour rien, si l'on voulait me permettre de la cultiver ; eh bien! l'on me chasse, moi Denis Lambert, pour la donner à ce Ravinot, un paresseux, un ignorant, un fripon, qui laissera les terres en friche, qui coupera les arbres, qui ruinera les prairies, et finira, un beau soir, par mettre la clef sous la porte en laissant à payer trois termes de son fermage... Et on dira qu'il y a un Dieu bon pour récompenser le travailleur et l'honnête homme! il n'y en a pas... non, il n'y en a pas !...

En parlant ainsi, le malheureux fermier s'arrachait les cheveux, frappait du pied et donnait les signes d'une douleur si poignante, qu'Alfred sentit la pitié succéder dans son âme à l'indignation.

— Je ne vous ai rien dit encore de ma mère, la vieille Lambert, la Bonne-Femme, la sainte du pays, reprit Denis d'un ton déchirant; et cependant, elle a été bien malheureuse, allez, celle-là ! Je croyais que c'était fini au moins pour elle ; je pensais que si sa vie n'avait pas toujours été couleur de rose, du moins elle mourrait tranquillement chez elle, entourée de ses amis, et que toute la commune, riches et pauvres, grands et petits, viendrait pleurer à son enterrement... Mais au moment le plus inattendu son élève elle-même, presque sa fille, la renie et la repousse; une étrangère, qui se prétend maître, la chasse de cette maison qu'elle a conservé autrefois à la famille Saint-Chaumont avec les prés, les champs et le reste... Les pauvres et les malades du pays seront consternés le jour où elle partira; mais qu'importe? « Les maîtres sont l'image de Dieu sur la terre, » disent les curés; et il faudra obéir!... Elle en mourra aussi la pauvre femme ; je la connais, moi; quand il s'agit des autres ses yeux peuvent verser des larmes comme des fontaines ; mais quand il s'agit d'elle, elle ne pleure jamais, elle ne se plaint jamais; le chagrin se concentre là, dans le cœur... Dès qu'elle va se trouver loin de ce pays, loin de ses amis, loin de sa maîtresse, elle se livrera à un désespoir dont elle ne parlera à personne, que personne ne devinera, jusqu'au moment où elle succombera à son chagrin... Mais je ne le souffrirai pas, s'écria le fermier d'une voix tonnante, en se levant tout à coup; il n'y a pas de Dieu bon, et s'il y en a un méchant je n'en ai pas peur!

Dans ce violent paroxisme de douleur, il regarda avec une sorte de défi le christ de bronze suspendu au-dessus du tombeau ; mais aussitôt il baissa les yeux et se retourna en frémissant. Alfred lui dit après un moment de silence :

— La douleur et la colère vous égarent, Denis; vous ne pouvez rien contre les injustices dont vous vous plaignez... ce n'est pas dans cette vie que Dieu doit en punir l'auteur !

— Ainsi donc, s'il n'y a pas d'autre vie après celle-ci, reprit Lambert avec ironie, ce misérable aura causé impunément le malheur d'une foule de braves gens ? Oh ! les belles idées qu'ont là vos cagots et vos grands bavards! Quant à moi, monsieur Alfred, ce n'est pas ma manière de voir. Quand on me fait du mal, je me venge comme je peux, et je ne veux pas risquer d'attendre une autre vie pour cela... C'est trop chanceux !

En même temps il poussa un éclat de rire lugubre et convulsif. Duclerc se leva à son tour.

— Décidément, Denis, reprit-il sèchement, nous continuerons cet entretien quand vous serez devenu plus calme; depuis un quart d'heure vous m'assourdissez de plaintes et de blasphèmes, et quelle que soit ma sympathie pour vos chagrins, cette conversation n'est pas de mon goût. Laissez-moi donc partir ; car aussi bien votre mère m'attend à la ferme et je dois quitter l'Oseraie aujourd'hui même.

Ces reproches firent rentrer un peu le campagnard en lui-même.

— Ne partez pas encore, monsieur Alfred, dit-il, d'un ton suppliant : je vous en prie, ne partez pas avant demain...

— Et pourquoi cela, monsieur Denis?

— Vous le saurez... vous le saurez, répondit Lambert d'un ton mystérieux ; mais, avant tout, je vais vous conter pourquoi je suis venu ici, pourquoi j'ai voulu vous parler sans témoins.

— Eh bien! qu'attendez-vous donc?

Denis hésita et parut chercher les moyens d'aborder une question délicate.

— Écoutez, monsieur Alfred, dit-il enfin, vous êtes un bon jeune homme, et il n'est pas dommage que vous soyez riche, vous : votre proposition d'hier, au sujet de la ferme dont vous pouvez disposer, m'est revenue à l'idée... Dans un moment de besoin, vous seriez un ami sûr, n'est-ce pas ?

— Sans doute, Denis; mais où voulez-vous en venir?

— Voici : il s'agit de ma pauvre vieille mère, de la Bonne-Femme. J'ai un compte à régler... si je n'étais plus là... nous ne sommes pas riches, et peut-être notre jeune maîtresse ne voudrait plus la voir à cause de moi... vous comprenez?

— Pas le moins du monde; expliquez-vous, Denis ; si vous avez besoin d'argent pour régler vos comptes avec votre maître, et puis vous en fournir. Parlez sans crainte.

— Ce n'est pas cela, monsieur Alfred, ce n'est pas de ce compte qu'il s'agit. Pour vous dire autrement la chose, supposez qu'en sortant ici, moi, Denis Lambert, je fasse tout à coup un plongeon dans la mollière où a péri ce pauvre monsieur Gustave... Bien, me voilà mort. Maintenant, supposez que ma mère ne veuille pas voir Adélaïde de Saint-Chaumont et qu'elle tombe dans la misère ; ça pourrait arriver, nous n'avons rien mis de côté; ma mère dépensait en charité le peu que nous gagnions chaque année, car nous ne pensions pas quitter jamais l'Oseraie !... Si par hasard, dans ce cas, la Bonne-Femme avait besoin de secours et de consolations, pourrait-on compter sur vous?

— Madame Lambert est la personne du monde que j'estime le plus, malgré sa sévérité envers moi ; si elle voulait accepter mes services, dans le cas impossible dont vous parlez, j'aurais pour elle le respect et l'affection d'un fils !

— Bien, merci ; touchez là ! dit le fermier, dont les yeux se remplirent de larmes en tendant la main à Alfred. Souvenez-vous de cette parole, monsieur Duclerc, car peut-être elle vous portera bonheur !

Le jeune homme le regarda fixement.

— Ni votre mère ni vos amis n'ont à craindre rien de pareil? dit-il avec un accent d'inquiétude. Vous vivrez encore longtemps, Denis, pour être l'appui et la consolation de madame Lambert.

— Qui sait ? murmura le fermier d'un air sombre.

Il alla reprendre son fusil, qu'il avait déposé

dans un coin de la chapelle, et il en fit jouer machinalement les batteries. Duclerc observait chacun de ses mouvements avec anxiété.

— Denis, dit-il enfin en lui saisissant le bras, vous avez conçu quelque projet sinistre ?

Le fermier ne répondit pas.

— Denis, vous avez pris la résolution d'attenter à vos jours ?

Lambert le regarda avec étonnement.

— Vous vous trompez.

— En ce cas, vous êtes encore plus coupable que je ne pensais : vous voulez attenter à la vie d'un autre ?

— Eh bien ! quand cela serait, dit le fermier brusquement.

— Malheureux ! s'écria le jeune homme avec indignation, vous osez l'avouer ? Voilà donc l'explication de vos plaintes amères et de vos imprécations ! Voilà donc le motif de cette recommandation que votre mère eût reniée si elle eût pu l'entendre !... Denis, si ce n'est pour les hommes, au moins pour vous-même, renoncez à cet horrible projet !

— Impossible.

— Je saurai bien vous empêcher de l'accomplir, dussiez-vous me tuer moi-même !

Lambert se tint sur la défensive, de manière à ne pouvoir être saisi à l'improviste.

— Pas de folies, monsieur Alfred ! s'écria-t-il, et laissez-moi agir à ma guise. Ce serait vous peut-être qui perdriez le plus si mon dessein ne pouvait s'accomplir ?

— Je n'accepte pas cette odieuse complicité ! répliqua Duclerc avec force ; je ne voudrais pas, au prix d'un crime, obtenir la réalisation de mes plus chères espérances ; je repousserais même la main d'Adélaïde si cette main était ensanglantée ! Denis, revenez à vous... Malheureux ! qu'allez vous faire ?

Le fermier parut ébranlé ; il déposa contre terre la crosse de son fusil, qui rendit un son sec sur les dalles, et il appuya ses deux grosses mains sur l'extrémité du canon.

— Je croyais que vous le haïssiez davantage ! dit-il d'une voix sourde sans lever les yeux. Mais je vois ce que c'est, vous ne voulez vous mêler de rien... Eh bien ! qui vous parle de quelque chose ? Vous ai-je avoué que je voulais commettre une méchante action ?

— Vous ne l'avez pas dit clairement, mais il ne me reste aucun doute... Denis, je ne vous ferai pas de la morale, vous ne seriez pas disposé à l'écouter en ce moment... mais, je vous le jure, je ne vous quitterai pas que vous ne m'ayez promis de changer de résolution !

— N'est-ce que cela, dit le fermier d'un ton railleur. Je vous le promets.... Êtes-vous satisfait ?

— Non, non, s'écria Alfred, car je le vois, vous n'êtes pas disposé à tenir votre parole... Eh bien ! Lambert, je vous défendrai contre une tentation coupable... Je vous suis, je m'attache à vos pas, et je saurai bien empêcher...

— Oh ! pour cela, non, reprit Denis en fronçant le sourcil ; chacun ses affaires, monsieur Alfred ; occupez-vous des vôtres et laissez-moi aller aux miennes... Tenez, ne nous brouillons pas, car au fond je ne vous veux pas de mal... au contraire... Souvenez-vous de votre bonne volonté au sujet de la mère Lambert, et... adieu.

Alfred courut à lui d'un air résolu :

— Lambert, s'écria-t-il, je ne vous laisserai pas accomplir votre horrible vengeance tant qu'il me restera un souffle de vie pour l'empêcher ! Je hais *celui que vous savez ;* mais il était l'ami de Gustave, il est l'époux d'Adélaïde, je défendrai ses jours comme je défendrais ma propre vie... Oui, je vous suivrai, et si vous échappez à ma poursuite, j'irai le mettre en garde contre vos atteintes...

— L'oseriez-vous ? demanda Lambert brusquement : oseriez-vous vous présenter au château, malgré la promesse que vous avez faite à ma mère et sans doute à la maîtresse ? Oseriez-vous vous montrer à ce misérable au risque d'appeler sur Adélaïde ses soupçons jaloux ?

— Je l'oserai ! s'écria Alfred d'un ton qui n'admettait aucun doute.

Le fermier recula d'un pas, appuya son fusil contre la muraille et s'avança vers le jeune homme.

— En ce cas-là, mon garçon, murmura-t-il, il ne faut pas m'en vouloir si je prends quelques précautions avec vous.

Avant qu'Alfred pût deviner son intention et se mettre en défense, il s'élança sur lui et le saisit dans ses bras robustes. Une lutte terrible s'ensuivit. Alfred, comme nous l'avons dit, était de haute taille, bien proportionné et ne manquait pas de vigueur, mais son corps n'était pas endurci, comme celui de son adversaire, par les travaux pénibles de la campagne. Bientôt ses reins plièrent, et il tomba en entraînant Denis dans sa chute ; sa tête frappa les dalles avec force, le sang jaillit et il resta étourdi du coup.

La vue de ce sang fit pâlir le vainqueur, qui s'écria avec une profonde expression de regret :

— Pauvre garçon ! je l'ai blessé... moi qui l'aime tant ! Mais pourquoi m'y a-t-il forcé ?

Il passa la main sur la blessure et s'assura qu'elle était fort légère ; puis, profitant du moment où l'espèce d'étourdissement causé par la violence du coup empêchait Alfred de se défendre, il tira son mouchoir et lui en lia les mains avec force ; il lui lia aussi les pieds avec sa cravate.

Alors il se releva, et saisissant son fusil, il dit d'une voix altérée :

— Je ne voulais pas vous blesser, monsieur Alfred, mais il fallait vous empêcher de me suivre... Ce que je viens de faire m'a plus coûté que ne me coûtera le reste de la besogne.

Duclerc se roulait par terre en cherchant à rompre ses liens ; il accablait son ennemi d'injures et de reproches.

— Oui, oui, criez tant que vous pourrez, cela soulage, dit le fermier d'un air d'intérêt bien extraordinaire en pareille circonstance, il n'y a pas autour de nous une habitation plus voisine que l'Oseraie ! Appelez-moi de tous les noms, vraiment je les mérite, pour vous avoir mis en cet état !...

Cette incroyable naïveté exaspéra le jeune homme ; il recommença ses violents reproches ; il redoubla d'efforts pour dégager ses mains et ses pieds. Lambert lui dit rapidement :

— Encore une fois, pardon, monsieur Alfred, je vous quitte... Vous n'aurez pas de peine à vous délier, dès que je serai parti ; j'ai voulu seulement me donner le temps de mettre notre ennemi et moi la porte de la chapelle... Adieu donc, et ne gardez pas trop rancune au pauvre Lambert.

En même temps il se dirigea vers la porte avec précipitation ; Alfred fit un effort désespéré et parvint à détacher ses mains.

— Malheureux ! et ta mère ? s'écria-t-il d'une voix tonnante.

Le fermier tressaillit et s'arrêta un moment sur le seuil de la chapelle ; puis il se tourna vers le jeune homme et lui dit avec solennité :

— Ma mère !.. N'oubliez pas la promesse que vous m'avez faite pour elle !

Il s'élança dehors, referma brusquement la porte, et Alfred entendit la clef tourner deux fois dans la serrure.

En ce moment il venait enfin de se débarrasser de ses liens ; il courut à l'une des fenêtres basses et grillées du monument.

Denis s'éloignait rapidement à travers ces marais

perfides où l'on trouvait un abîme à chaque pas et où il eût été impossible de suivre Alfred sans le plus grand danger. Il l'appela de toute la force de sa voix; Lambert ne l'entendit pas ou il ne voulut pas répondre, et continua sa marche à pas pressés, sans tourner la tête. Bientôt il atteignit les roseaux, où il s'enfonça sans hésiter; un moment encore l'extrémité de son fusil domina la cime des hautes herbes, puis il disparut tout à fait.

Épuisé de fatigue et d'émotions, Alfred vint se rasseoir à la place qu'il occupait précédemment.

— J'ai fait tout ce que j'ai pu, murmura-t-il, ma conscience ne doit rien me reprocher... Cet homme a l'œil sûr, la main ferme; il va tuer Grandchamp... Adélaïde sera veuve, elle sera libre... elle m'aime encore et...

Tout à coup il se leva d'un bond :

— Non, non ! s'écria-t-il en tournant les yeux vers le christ du tombeau, je ne veux pas être le complice d'un assassinat... Mon Dieu ! secondez mes efforts pour sauver cet homme, qui est la cause de tous mes maux !

Et malgré sa blessure et sa faiblesse, il se mit à chercher les moyens de s'échapper de sa prison.

VIII

LE MARCHÉ.

L'heure du déjeuner était passée depuis longtemps, et madame Grandchamp n'était pas encore revenue au château. On comprend que sa conversation avec Suzanne avait dû être longue, et qu'Adélaïde avait bien pu, dans le trouble où son entrevue avec Duclerc l'avait jetée, oublier l'heure ordinaire du repas. Cependant son mari était déjà rentré, amenant avec lui Ravinot, le nouveau fermier, afin de régler l'affaire du bail de l'Oseraie. Dans toutes les conventions de ce genre les campagnards ne font rien qu'à table; on devait donc, aussitôt que la maîtresse de la maison serait de retour, terminer ce grave débat, suivant les us et coutumes de la vieille Picardie. En attendant, Charles Grandchamp et son futur locataire discutaient chaleureusement dans la salle à manger les clauses préliminaires de leur traité, et le jeune propriétaire les rédigeait rapidement sur son carnet, à mesure qu'elles obtenaient l'approbation des deux parties.

Cette salle à manger était située au rez-de-chaussée du château; les deux fenêtres, encadrées de vignes et de clématites, donnaient sur un charmant jardin rempli de fleurs et de plantes d'agrément, qui s'étageait sur le penchant de la colline. Un joyeux rayon de soleil faisait chatoyer les porcelaines et l'argenterie dont la table élégante était couverte. Mais tout flatteur que fût ce spectacle, il attirait médiocrement l'attention du maître et du fermier. Assis l'un vis-à-vis de l'autre, de chaque côté d'un guéridon qui servait de pupitre, ils luttaient de ruse et d'astuce pour se tromper cet homme.

Ils étaient au moins d'égale force dans ce honteux assaut, et Grandchamp, avec ses formes insinuantes, son langage doucereux, n'avait pas un avantage trop marqué sur son antagoniste. Maître Ravinot, gros paysan de cinquante ans, affectait assez souvent une sorte de naïveté, mais il était au fond aussi fûté et aussi retors qu'aucun fermier qui ait jamais dupé un confrère dans une foire. Ses yeux, ombragés d'épais sourcils, son visage rouge et sanguin, sa bouche tortue et mal faite, exprimaient cette duplicité qui est toute l'intelligence de certains campagnards. Son costume, d'un caractère particulier, contrastait aussi avec la mise prétentieuse de son maître futur. Ravinot, soit caprice, soit ancienne habitude, portait des culottes courtes de velours verdâtre, serrées à la jarretière par de petites boucles d'acier; un gilet à mille raies enveloppait sa vaste corpulence, conjointement avec un habit à larges basques de couleur bleue, blanchi aux coutures. Des bas drapés et des souliers ferrés terminaient par en bas ce gracieux personnage ; une cravate de cotonnade rouge et un col de chemise, horriblement empesé, mettaient son menton et ses oreilles à la torture. Comme ornement et comme accessoire à cet équipage, des breloques de montre d'un poids énorme cliquetaient sur son ventre à chaque mouvement. Son splendide couvre-chef de feutre avait été déposé sur une chaise par respect pour le maître du logis.

Tel était l'individu qui, les coudes sur la table et les pieds croisés par-dessous, discutait avec une patience et une capacité rares les prétentions de son antagoniste, afin de faire valoir les siennes. Sans doute Grandchamp n'avait pas de peine à démêler, à travers un flux de paroles captieuses, les secrets desseins de son rival ; mais aussi le madré fermier, malgré sa lourdeur apparente, devinait Grandchamp au premier mot. Dans une pareille lutte, les facultés de l'un et de l'autre étaient nécessairement trop absorbées pour qu'il leur fût possible de penser à quoi que ce fût d'étranger à cet entretien.

Cependant rien de positif n'avait encore été convenu; Grandchamp déposa sur la table le crayon qui lui servait à prendre des notes pour la rédaction de l'acte définitif, et, regardant son adversaire de ce regard inquiet et sournois qui effrayait tant de personnes, il lui dit avec un accent de bonne humeur :

— Ah çà, maître Ravinot, décidément vous êtes un finaud ? Je n'ai pu encore vous arracher ni un oui ni un non ; voyons, faites vos conditions... Vous ne me paraissez pas du tout reconnaissant des avantages énormes que je vous laisse !

— Ma parole d'honneur, monsieur, dit le campagnard, qui attestait tous ses mensonges par sa parole d'honneur, je ne comprends rien, de mon côté, à vos prétentions; nous lanternons là depuis deux heures, et vous n'avez pas encore voulu me dire le fin mot de la chose; cependant je n'y regarderai pas de si près avec un bon maître tel que vous...

— Mais je ne suis pas non plus trop dur avec vous, Ravinot, car enfin, Lambert est après tout, un brave garçon... il a toujours bien payé ses fermages, il n'a pas de vices... tandis que vous vous avez des ennemis, Ravinot, et on m'a rapporté des choses...

— Je suis un homme d'honneur ! s'écria le paysan en portant la main à sa poitrine avec un geste théâtral ; ce sont des calomnies que répandent sur moi de méchants voisins !

— Sans doute ; mais ils disent que vous êtes ivrogne...

— Bah ! lamper un verre ou deux quand on en trouve l'occasion, y a-il du mal à ça ?

— Paresseux.

— Je sais toujours bien faire travailler les autres, et c'est ce qu'il faut pour un bon fermier.

— Joueur ! ajouta Grandchamp avec une intonation particulière, et vous avez perdu une fois jusqu'aux habits de votre pauvre femme malade...

— Ne faut-il pas se distraire un peu ? dit Ravinot d'un air d'indifférence ; quand on rencontre un ami à une foire, comment s'amuser après avoir dîné ensemble à l'auberge ? On prend des cartes, histoire de passer un moment... voilà. Vous pourriez en faire tout autant !

Le jeune maître du château ne put retenir une légère grimace excitée par la comparaison.

— Du moins, reprit-il, je me garderais bien de jouer l'argent qui ne serait pas à moi, et on m'a raconté... Enfin, Ravinot, ne vous fâchez pas, mais l'on pourrait y regarder à deux fois avant de vous confier un vaste domaine comme celui de l'Oseraie.

— Pourquoi donc me le confiez-vous si vous doutez de mon honneur ? demanda le fermier d'un air malin. Croyez-vous que je ne voie pas que vous avez des raisons pour ça ?... Voyons, ne trichons pas... parlez franchement... Je suis votre homme, quoi !

Grandchamp fut d'abord déconcerté par cette saga-

Au même instant Lambert se montra vivement à la fenêtre et porta son fusil à son épaule. — Page 27, col. 1re

cité singulière, manifestée d'une façon si brutale. Il baissa les yeux et il reprit avec hésitation :

— Eh bien! oui, Ravinot; s'il faut parler à cœur ouvert, j'attends de vous certaines complaisances que je ne pourrais demander à tous les fermiers... mais je vous crois au-dessus des préjugés vulgaires, et...

— Je savais bien! fit le paysan d'un air d'intelligence en se rapprochant de son maître : voyons, de quoi s'agit-il?

Charles manifesta quelque répugnance à poursuivre une conversation engagée sur ce ton d'intimité avec un inférieur; un rien effrayait cet esprit timide et soupçonneux. Cependant, après un moment employé à observer minutieusement Ravinot, il allait enfin reprendre la parole lorsqu'une ombre passa rapidement devant la fenêtre de la salle et disparut aussitôt. Dans les circonstances critiques, tout est prétexte à un ajournement pour les hommes du caractère de Grandchamp; il se leva et courut à la fenêtre avec empressement.

— Dieu me pardonne! on nous écoute, dit-il avec une colère affectée, je voudrais bien savoir qui est assez hardi pour nous espionner ainsi!

Il se pencha d'un air distrait à la fenêtre, mais il n'aperçut rien qui justifiât ses soupçons; il revint vers le campagnard, qui ne se gênait pas pour hausser les épaules.

— Vous ne savez pas combien ces domestiques sont curieux, reprit Grandchamp en se rasseyant en face du fermier ; mais causons pendant que ma femme n'y est pas... Je vais vous dire, Ravinot, à quelles conditions je confie la ferme à un homme comme vous.

Ravinot tira de sa poche une tabatière de corne, offrit une prise à son interlocuteur, qui refusa du geste, et il aspira lentement une pincée de tabac :

— Allez toujours, dit-il d'un air magistral.

— Apprenez donc ceci, Ravinot; en congédiant Lambert, j'ai sur l'Oseraie des projets que vous m'aiderez à réaliser; ces Lambert étaient trop dévoués à la famille de Saint-Chaumont, et si j'avais laissé deviner ma pensée, c'eût été un train horrible... Vous n'ignorez pas sans doute que cette propriété appartient à ma femme? l'usufruit m'appartient seul.

Ravinot sourit.

— Je comprends, dit-il tranquillement. Si votre femme venait à *tourner de l'œil*, tout reviendrait à votre petit, et les enfants sont si ingrats !

Charles n'eut pas l'air d'avoir entendu cette observation.

— Ma fortune personnelle est bornée, reprit-il, et j'ai besoin d'augmenter mes revenus par tous les moyens possibles... Or, il y a à l'Oseraie des ressources immenses dont on n'a pas songé à tirer parti. Ces Saint-Chaumont étaient à cet égard d'une puérilité ridicule ; je ne veux pas les imiter.

— Bon! s'écria le fermier, je vois maintenant pourquoi vous avez parlé tout à l'heure de la coupe des bois! Parole d'honneur! vous avez les plus beaux arbres du pays.

— Et nous serons forcés, dit Grandchamp d'un ton de regret, de les faire abattre cet hiver... du moins en partie : le bois est rare et cher dans le voisinage, ce sera une spéculation superbe.

— Oui, mais la propriété perdra un tiers de sa valeur; enfin cela ne me regarde pas... Est-ce tout?

— Je ne sais, Ravinot, si vous comprenez mes projets, continua Grandchamp en baissant encore la voix; je veux, entendez-vous bien, que la propriété me rapporte le plus possible pour le moment, lors même qu'un peu plus tard...

— C'est dit; fiez-vous à moi à cet égard ; je sais comment il faut s'y prendre... Si vous me donnez,

Un petit garçon de cinq à six ans était assis à terre auprès du berceau, cherchant à apaiser son frère.
— Page 31, col. 2.

comme on dit, carte blanche, nous pouvons nous entendre... Pendant les trois ans que doit durer notre bail je vous paierai trente mille francs par an ; c'est le double de ce que payait Lambert... Par exemple, passé ces trois ans, je ne m'en charge plus !

Et il se mit à rire.

— Allons ! dit Grandchamp avec gaieté, je le savais bien, Ravinot ; vous êtes l'homme qu'il me faut... nous nous conviendrons, et l'Oseraie va désormais changer de face.

— Nous la raserons aussi proprement qu'un menton sous le rasoir du barbier, dit le futur fermier en ricanant.

— Les misérables ! murmura au dehors une voix étouffée, ils veulent dévaster l'Oseraie !

Au même instant l'ombre menaçante se dressa de nouveau devant la fenêtre du jardin, mais un bruit subit la fit disparaître aussitôt : c'était Adélaïde qui entrait dans la salle à manger.

Malgré les efforts de madame Grandchamp pour rasséréner sa physionomie, toute sa personne trahissait les violentes émotions qu'elle avait éprouvées depuis peu : son pas était mal assuré, son visage pâle ; ses yeux cernés portaient encore des traces de larmes. A sa vue les interlocuteurs furent d'abord un peu déconcertés, Ravinot se leva, salua d'un air prétentieux et ridicule, pendant que Grandchamp allait au-devant de sa femme.

— Arrivez donc, ma chère Adélaïde, dit-il de sa voix mielleuse et hypocrite en lui donnant un baiser sur le front ; ne dois-je pas vous consulter sur la grande affaire que je suis sur le point de terminer avec ce brave homme... maître Ravinot, notre nouveau fermier...

— Et votre serviteur, madame, dit le campagnard en cherchant à se donner un air aimable.

La jeune femme ne répondit que par un geste distrait.

— Vous venez fort à propos, Adélaïde, continua Grandchamp avec empressement, pour apprendre à quel point votre famille était dupe de sa confiance sans bornes dans ces Lambert ! L'Oseraie n'a jamais rapporté que quinze mille francs de fermage jusqu'ici ; savez-vous combien m'en offre Ravinot ? Trente mille francs, ma chère, trente mille ! Puis venez vous plaindre de ma fermeté... me vanter la probité de ces intrigants !...

— Charles, dit Adélaïde d'un ton triste et préoccupé, je souhaiterais que cet homme pût remplir ses engagements avec la même probité que votre ancien fermier...

— Doutez-vous de mon honneur ? madame, s'écria Ravinot avec une vertueuse indignation ; je pourrais jurer...

— Laissez, laissez, dit Grandchamp à son protégé en souriant ; madame a un faible pour ces gens-là, mais bientôt elle sera bonne maîtresse pour vous comme pour les autres... Allons, allons, poursuivit-il gaiement, mettons-nous à table ; tout s'arrangera avant la fin du déjeuner.

Adélaïde, pendant cette conversation, était inquiète, agitée, mal à l'aise.

— Charles, dit-elle à demi-voix et les yeux baissés, j'aurais à vous entretenir seul un instant. J'ai à vous faire part d'un événement...

— Quel événement ? demanda Grandchamp en attachant sur elle un regard soupçonneux.

— Oh ! pas ici, pas devant un étranger.

— Eh bien ! après déjeuner, lorsque j'aurai terminé mon affaire avec Ravinot.

— Charles ! Charles ! si vous saviez...

— Allons ! encore des vapeurs, des nerfs agacés

des fadaises! dit Grandchamp avec humeur; vous venez sans doute de voir encore quelqu'un de ces Lambert, et ils vous auront rempli la tête de leurs plaintes et de leurs promesses! Laissons cela, madame; je suis occupé en ce moment, nous partons demain matin et le temps presse.

La pauvre Adélaïde poussa un gros soupir; elle sortait déjà pour aller donner l'ordre de servir, lorsqu'un éclat de voix qui se fit entendre dans la pièce d'entrée l'arrêta tout à coup; elle prêta l'oreille et resta comme pétrifiée.

— Il faut que je lui parle! disait cette voix toute haletante et entrecoupée, il faut que je voie M. Grandchamp sans retard !

Les assistants ne purent entendre la réponse, mais on reprit sur un ton plus élevé :

— Je vous le répète, il est de la plus haute importance que je voie votre maître sur-le-champ; allez-le prévenir, dites-lui...

— Qui diable nous vient là ? s'écria Grandchamp avec étonnement.

L'inconnu entendit sans doute cette exclamation, car il s'élança dans la salle à manger. Adélaïde poussa un cri perçant; Alfred Duclerc entra précipitamment, les vêtements en désordre et souillés de boue, sans chapeau, le visage couvert de sang.

— Quel est cet homme? que nous veut-il ? dit Grandchamp avec surprise.

IX

LA RÉVÉLATION.

Alfred resta interdit au milieu de la salle. Le sentiment de générosité et d'humanité qui l'avait conduit dans cette maison pour sauver la vie de son rival ne lui avait permis jusque-là aucune réflexion; maintenant seulement il entrevoyait ce qu'il pouvait y avoir d'étrange dans sa démarche. Adélaïde, revenue de son trouble, prenait une contenance sévère; Grandchamp, qui ne l'avait pas encore reconnu, se tenait debout devant lui et le toisait avec insolence; maître Ravinot, assis dans un coin, avait croisé ses jambes l'une sur l'autre, et regardait ce tableau d'un air de nonchalence qui cachait une vive curiosité.

— Enfin, monsieur ! s'écria le maître du château avec impatience, m'expliquerez-vous... Dois-je appeler les domestiques et vous faire jeter hors ici ?

Le jeune homme sembla enfin revenir à lui.

— Monsieur Grandchamp, dit-il avec ironie, aurait-il réellement le pouvoir de chasser du château de l'Oseraie un ancien ami de Gustave de Saint-Chaumont? Je n'ai pu encore m'habituer à cette idée!

Charles Grandchamp l'examina alors avec plus d'attention; il se mit à pâlir et à trembler. Cependant il s'efforça de cacher sa terreur en feignant l'étonnement et la joie.

— Quoi ! mon pauvre Alfred, balbutia-t-il, c'est toi... c'est vous... Tu n'es donc pas mort comme on le disait ? Mais c'est un miracle, une résurrection! Sois le bien-venu à l'Oseraie, mon vieux camarade! sois le bien-venu, quoique notre pauvre Gustave ne soit plus là pour t'y recevoir ! Mais tu ne m'embrasses pas, continua-t-il en lui ouvrant les bras; est-ce ainsi que nous devons nous revoir après avoir été séparés si longtemps ?

Duclerc resta immobile et froid.

— Croyez-moi, Grandchamp, dit-il en lui jetant un regard de mépris, ne nous livrons pas l'un et l'autre à des démonstrations hypocrites; désormais nous ne pouvons être amis.

— Comme vous voudrez, reprit Grandchamp intimidé. Mais si vous me gardez rancune pour ce qui s'est passé en votre absence, Adélaïde peut vous dire...

— Madame Grandchamp était maîtresse de son choix, et je ne songe plus à lui en demander compte... Ce n'est pas dans ce but que je suis venu ici, où ma présence n'est sans doute agréable à personne...

— Aussi, monsieur, dit Adélaïde avec effort, eût-il été plus généreux peut-être de ne pas venir!

— Ce mot est bien dur, madame, dit Alfred avec tristesse; vous le regretterez lorsque vous saurez le motif qui m'amène... Monsieur, continua-t-il en s'adressant à Grandchamp, le hasard m'a rendu maître d'un secret important pour vous. Vous avez en ce moment dans le voisinage un ennemi furieux... si vous sortez, vous êtes en danger de mort... C'est pour vous en avertir que je suis accouru dans ce fâcheux équipage, malgré ma fatigue et malgré ma répugnance à me trouver face à face avec vous.

— Un danger de mort! s'écria Charles épouvanté; en êtes-vous bien sûr, Duclerc ?

— J'en ai presque arraché l'aveu à votre ennemi, tout à l'heure, à la chapelle du Marais.

— A la chapelle ? répéta Grandchamp en se tournant vers sa femme; mais vous étiez de ce côté, madame ?

— Eh bien ! oui, mon ami, dit Adélaïde avec une noble fermeté, j'ai rencontré ce matin M. Duclerc au tombeau de mon frère; je lui ai parlé, et c'est là justement le motif qui me faisait désirer tout à l'heure de vous entretenir en secret...

Grandchamp promena de l'un à l'autre un regard soupçonneux.

— Et vous dites, madame, que le hasard seul vous a réunis ce matin au tombeau de Gustave? C'est au moins, vous en conviendrez, un hasard bien singulier !

Adélaïde allait répondre, mais Alfred s'écria avec impétuosité :

— N'outragez pas par votre injurieuse défiance une femme digne de vos respects... Si quelqu'un est en droit de se plaindre d'elle, ce n'est pas vous, monsieur; elle a montré aujourd'hui pour vous une affection dont je ne la croyais plus capable pour personne... Je vous le répète, Grandchamp, et je l'affirme sur l'honneur, le hasard seul m'a fait rencontrer la sœur de Gustave dans la chapelle du Marais, en présence d'une personne honorable qui m'accompagnait...

— Je ne comprends rien à ces prétendues explications, interrompit Grandchamp, et elles sont inutiles en ce moment ; ce qu'il importe de connaître dès à présent, c'est l'événement qui amène chez moi M. Duclerc contre son gré. Puis-je vous demander, monsieur, de préciser davantage la nature du danger qui me menace ?

— Je ne trahirai pas le coupable; contentez-vous de cet avis : si vous sortez, vous pouvez rencontrer quelqu'un disposé à se porter contre vous aux derniers excès...

— Et puis-je savoir le nom de ce dangereux ennemi ?

— Je ne vous le nommerai pas, monsieur, il me suffit de vous avoir mis en garde contre ses attaques.

— De mieux en mieux, reprit Grandchamp avec ironie; vous refusez de m'apprendre nettement quel est l'homme dont je dois me méfier, et je ne sais quelle voix me dit que c'est vous... Prenez garde, monsieur; tout ceci me paraît être un prétexte absurde pour vous introduire dans ma maison et épier ce qui s'y passe.

Grandchamp n'eût pas eu la hardiesse de parler ainsi s'il n'eût vu Ravinot se lever et se rapprocher de lui comme pour lui porter secours; mais Alfred ne songeait pas à employer la violence.

— Monsieur, dit-il avec noblesse, ce n'est pas à moi de dénoncer la votre colère qui que ce soit; seulement soyez bien averti : une imprudence pourrait vous coûter la vie... Pour vous apporter cet avertissement, j'ai dû soutenir une lutte acharnée, briser la porte de la chapelle, où l'on m'avait enfermé, et accourir ici dans le désordre où vous me voyez. En faisant cela, j'ai rempli un devoir d'humanité, et je vous tiens quitte de toute reconnaissance, si cette reconnaissance vous pèse... je n'en ai pas besoin.

— Et s'il ne vous remercie pas, c'est moi qui vous remercie! s'écria Adélaïde avec entraînement.

Mais aussitôt elle baissa la tête et rougit sous le regard de son mari.

— A merveille! dit Charles en s'assurant que Ravinot était toujours à son côté, madame Grandchamp vient en aide à la ruse... J'aime à croire cependant que cette comédie n'a pas été concertée à l'avance! Eh bien! monsieur, il y a dans ce pays, et peut-être ici même, des personnes auxquelles ma mort serait avantageuse et commode... mais ce n'est pas de celles-là que vous voulez parler sans doute?

— Monsieur, reprit Duclerc sans avoir l'air de comprendre cette allusion, votre conscience ne vous dit-elle pas que vous avez excité des haines acharnées dont vous devez craindre l'effet?

— Peut-être; mais ceux qui me haïssent seront trop lâches pour oser m'attaquer en face.

— Ouais! fit une voix formidable du dehors.

Au même instant, Lambert sortit des branchages de vigne sous lesquels il s'était tenu caché depuis le commencement de cette scène, il se dressa vivement à la fenêtre et porta son fusil à son épaule.

— Lambert! Denis! s'écria Alfred en étendant la main.

Une détonation terrible se fit entendre et des cris déchirants s'élevèrent dans la salle. Charles tomba sur un siège, livide et en proie à d'horribles convulsions; Adélaïde s'évanouit.

Mais Alfred avait vu à travers la fumée l'extrémité du fusil toujours dirigée contre Grandchamp; le meurtrier allait lâcher le second coup...

Sans calculer le danger auquel il allait s'exposer, Duclerc s'élança, repoussa l'arme fatale; puis, franchissant d'un bond la fenêtre, il saisit Lambert à bras-le-corps, et lui dit d'une voix altérée:

— Malheureux! n'est-ce pas assez?

Le fermier semblait tout stupéfait lui-même de la hardiesse de son action; il se laissa désarmer sans prononcer un mot. Alfred, se voyant seul avec lui pour quelques secondes encore, lui glissa rapidement à l'oreille:

— Fuyez, Denis! Fuyez!... Profitez du premier moment de surprise et de terreur. Fuyez, et que Dieu vous pardonne!

— Je reste, dit Lambert d'une voix sourde.

Il n'était déjà plus temps de fuir; Ravinot, malgré son âge et son embonpoint, avait sauté lestement dans le jardin; les domestiques accouraient effarés au bruit de l'explosion. Mais la vue de Ravinot, qui déjà levait la main sur lui, sembla rendre à Lambert toute son énergie.

— Que ce misérable ne m'approche pas! s'écria-t-il en repoussant du geste son futur successeur à la ferme de l'Oseraie; on fera de moi ce qu'on voudra, mais l'on ne m'aura pas vivant si ce brigand-là me touche...

Sa contenance déterminée imposa aux nouveaux assaillants, et ils hésitèrent un moment.

— Arrêtez-le, s'écria tout à coup Grandchamp en se montrant à la fenêtre; liez-lui solidement les mains et les pieds jusqu'à ce qu'il soit livré à la justice; prenez bien garde qu'il ne s'échappe!

Cette apparition subite d'un homme qu'on avait vu tomber comme mort sous le coup de fusil, excita le plus profond étonnement.

— Monsieur, demanda Alfred avec un vif intérêt, serait-il possible que vous n'ayez pas été blessé?

— J'ai entendu siffler la balle près de mon front, mais elle ne m'a pas touché; seulement, comme je suis très-nerveux, l'impression produite par la vue de cette arme dirigée contre moi...

— Je l'ai manqué! s'écria Denis avec désespoir; je me suis perdu sans résultat! Vous le voyez bien, monsieur Alfred, il n'y a pas de Dieu!

— Eh bien! qu'attendez-vous pour vous emparer de lui? s'écria Charles d'un ton où perçait encore la terreur; voulez-vous donc lui laisser la liberté de recommencer?

Ceux qui entouraient Lambert se jetèrent sur lui tous à la fois; en un instant il fut renversé à terre et garotté. Duclerc n'osa pas s'opposer à cette mesure rigoureuse, mais sa physionomie et son regard trahissaient une profonde sympathie pour le prisonnier. Celui-ci s'en aperçut.

— Allons! monsieur Alfred, dit-il avec tristesse, c'est mon tour à être attaché à présent... Mais ne croyez pas, vous qui êtes un bon tireur, que j'aie mal visé tout à l'heure! j'ai manqué ce méchant homme parce que vous étiez trop près de lui... j'ai craint de vous blesser... il vous doit la vie... vous savez bien que je ne suis pas manchot!

Tout le château était en rumeur. Les domestiques s'empressaient autour de leur maître, afin de montrer du zèle, quoiqu'au fond ils fussent désolés, pour la plupart, du malheur de Denis. Les femmes avaient relevé Adélaïde, et elles lui prodiguaient les secours les plus empressés. On allait, on venait dans un désordre bien naturel après un pareil événement. Le désir de la vengeance rendit à Grandchamp le premier toute sa présence d'esprit.

— Conduisez ce furieux dans la petite chambre grise, commanda-t-il à ses gens, et veillez bien à ce qu'il ne puisse s'échapper... Toi, Jacques, continua-t-il en s'adressant à l'un des domestiques, tu vas monter à cheval et aller prévenir le brigadier de gendarmerie à D... Dis-lui de venir sur-le-champ avec son monde... Crève le cheval s'il le faut, mais va vite.

On entraîna Lambert, et le domestique se mit en devoir d'obéir. Alors Ravinot, qui avait fait preuve pendant cette scène d'un merveilleux sang-froid, rentra dans la salle à manger, comme s'il ne se fût rien passé d'extraordinaire. Grandchamp lui serra la main avec cordialité.

— Merci, mon brave, lui dit-il, vous vous êtes montré mon ami en cette circonstance, et je ne l'oublierai pas... Allez, allez, celui qui nous a fait passer ce mauvais quart-d'heure en passera d'ici à quelques mois un plus mauvais encore!

— Peuh! dit Ravinot d'un air de connaisseur, en prenant une prise de tabac: dix ans de prison, et voilà tout.

— Dix ans de prison pour une tentative de meurtre? Je croyais la loi plus sévère!

— On aura égard aux bons antécédents de l'accusé, et on écartera certainement la préméditation.

— La préméditation! mais est-il bien sûr qu'elle n'existe pas?

Duclerc attendait d'un air d'anxiété qu'Adélaïde rouvrît les yeux. Grandchamp marcha droit à lui.

— Monsieur, lui dit-il sèchement, vous pensez peut-être avoir droit à mes éloges et à mes remerciements; je serais assez disposé à croire que tout ce qui vient de se passer ici est une mauvaise tragédie où mon ancien fermier seul n'a pas bien joué son rôle... Mais il ne m'appartient pas d'aller plus avant dans cette affaire: la justice se chargera de l'approfondir. Ce sera elle qui vous demandera comment le meurtrier a pu se trouver en rapport avec vous un instant avant l'attentat; elle vous demandera si vous et quelque autre vous n'aviez pas intérêt à pousser un assassin contre un mari incommode, gênant...

— Paix, monsieur, paix, murmura Duclerc avec indignation, osez-vous soupçonner une femme pure et sans reproche, dont la haute vertu...

— Je vous le répète, monsieur, le moment n'est pas favorable pour de pareilles explications; aussi vous devez comprendre qu'après l'événement dont vous avez été le témoin, j'éprouve le besoin de me trouver seul, ou du moins avec les personnes dignes de ma confiance!

— Il suffit, dit Alfred avec hauteur en se préparant à sortir.

Cependant il s'arrêta encore, presque malgré lui, en

face d'Adélaïde. Les yeux de la jeune femme s'étaient ouverts à demi, un léger incarnat était revenu sur ses joues, et elle agitait ses bras comme pour repousser un rêve pénible. Enfin ses lèvres remuèrent d'une manière à peine sensible, et elle laissa échapper un nom d'une voix faible comme un soupir : ce nom était celui d'Alfred.

— Que dit-elle? fit Duclerc en tressaillant.

Mais au même instant madame Grandchamp reprit d'un ton plus accentué :

— Charles! mon mari! mon Dieu! on l'a tué!

Alfred baissa la tête d'un air mélancolique en murmurant :

— Allons! je m'étais trompé! ce n'était que du délire...

Grandchamp s'approcha d'Adélaïde, qui lui tendait les bras, et il déposa sur son front un baiser hypocrite.

— Me voici sain et sauf, dit-il d'une voix doucereuse où perçait l'ironie; rassurez-vous, ma bien-aimée, vous n'êtes pas veuve encore... Grâce au ciel, j'espère vivre encore longtemps pour être heureux près de vous!

La jeune femme le regardait toujours, comme si elle ne pouvait en croire ses yeux.

— Ne me trompé-je pas? demanda-t-elle avec un reste d'égarement; est-ce bien vous, Charles, mon mari, le père de mon enfant? vous que j'ai vu tout à l'heure... là, devant mes yeux, frappé à mort...

— Il n'y a eu de frappé à mort que votre beau baromètre de Chevalier, répondit Grandchamp avec une gaieté forcée, en désignant l'instrument suspendu à la muraille vis-à-vis de la malade ; voyez, la balle a touché précisément sur le mot *Tempête*, et, pour la dernière fois, le pauvre baromètre a dit vrai, car il ne doit rien résulter de bon de tout ceci...

La fureur lui coupa la parole ; il venait d'apercevoir, sur le seuil de la porte, le domestique Jacques, chargé par lui d'aller chercher la force armée dans un bourg du voisinage.

— Comment, drôle! s'écria-t-il d'une voix terrible en le menaçant du geste, tu es encore ici? Qu'attends-tu donc pour exécuter mes ordres? Ne devrais-tu pas déjà être à cheval? As-tu donc oublié la commission que je t'ai donnée?

— Faites excuses, monsieur, répondit le pauvre garçon intimidé ; j'étais en route, lorsque j'ai rencontré dans l'avenue quelqu'un qui m'a fait rebrousser chemin.

— Et qui donc a osé...

— Suzanne Lambert, monsieur.

— Et quel droit Suzanne a-t-elle de te commander?

— Elle vous le dira elle-même, monsieur. Lorsque je l'ai rencontrée, elle cherchait son fils, qu'elle n'avait pas vu depuis hier. Je lui ai conté naturellement ce qui venait d'arriver ici et ce que j'allais faire, et alors elle m'a dit tranquillement : « Rebrousse chemin, Jacques, et reviens avec moi au château ; il y a dans cette histoire un malentendu que j'expliquerai à ton maître, il s'apaisera ; reviens, je prends tout sur moi. » Dame, monsieur, je ne savais pas ce que je devais...

— Sur mon âme! s'écria Charles, voilà qui passe toute croyance! Et tu dis que cette femme est ici?

— Elle attend que vous consentiez à la recevoir.

— Je ne veux pas la voir, dit Grandchamp d'un ton sec : qu'on la renvoie.

— Mon ami, s'écria Adélaïde, à qui une de ses femmes avait appris la captivité de Denis, ne traitez pas trop durement cette pauvre mère! ayez pitié...

— Demandez pitié pour vous-même, madame, répliqua son mari avec amertume. Qu'on me laisse, continua-t-il plus haut, il est inutile que l'on m'importune plus longtemps ; je suis las, épuisé, mourant... Dites à cette femme que je ne peux rien pour elle et que je ne veux pas l'entendre.

— Vous m'entendrez cependant, monsieur Charles Grandchamp, dit une voix grave.

Et la Bonne-Femme entra dans la salle d'un pas ferme et assuré.

Il serait impossible de décrire l'impression que produisit en ce moment critique la présence de Suzanne sur tous les assistants. La haute réputation de vertu de cette femme, les services sans nombre qu'elle avait rendus à la famille de Saint-Chaumont, son affection bien connue pour son fils unique, préparaient les spectateurs à une de ces scènes saisissantes qui remuent les plus indifférents. Cependant madame Lambert était calme ; ses traits avaient leur sévérité et leur noblesse ordinaires ; sa taille était droite et son port plein de dignité ; on n'eût pu croire que c'était une mère qui venait implorer la grâce de son fils unique, dont l'honneur et la vie étaient menacés.

Tous les assistants et Grandchamp lui-même furent interdits en la voyant si différente de ce qu'ils attendaient. Elle salua d'un signe de tête et elle s'approcha du maître du château, qui, revenu de son étonnement, lui dit avec rudesse :

— Ah! vous voici, Suzanne... De grâce, épargnez-moi les larmes et les prières, je ne les aime pas. D'ailleurs, je ne peux rien ; que demandez-vous?

— Je demande mon fils, dit madame Lambert avec ce ton de douceur qui lui était habituel.

— Votre fils? il n'appartient plus ni à vous, ni à moi, ni à personne : il appartient à la loi, qui le jugera.

— Il vous appartient encore, monsieur Grandchamp, et si vous vouliez...

— Je ne voudrai pas.

— Vous réfléchirez, monsieur, à la franche amitié, à cet échange de bons procédés et de services qui existent depuis tant d'années entre la famille de Saint-Chaumont et les pauvres Lambert... Vous ne consentirez pas à déshonorer leur nom, à déchirer le cœur d'une malheureuse mère qui a élevé cette Adélaïde que vous aimez tant!

— Que m'importe!

Suzanne parut hésiter un moment.

— Eh bien! puisqu'il le faut, dit-elle en se redressant avec majesté, je parlerai... monsieur Grandchamp ; vous avez été injuste et impitoyable envers les miens et envers moi depuis que vous êtes le maître à l'Oseraie... Vous m'avez défendu de voir votre femme, mon élève, que j'aime comme ma propre enfant, et cependant je me suis promis de vous obéir. Vous avez chassé mon fils de la ferme où il est né, et qu'il a toujours dirigée avec probité, comme son père et comme moi ; je me suis encore résignée. J'ai vu, mon pauvre Denis se tordre de douleur, de désespoir, et je n'ai pas trouvé contre vous une parole de colère ou de haine... Mais maintenant que mon fils, exaspéré par tant d'injustice, s'est porté contre vous à des violences funestes que je déplore, que vous voulez prendre son honneur et sa vie ; je ne le souffrirai pas, monsieur, et si vous m'écoutiez un instant en particulier, je vous convaincrais facilement, je l'espère, de la nécessité de la clémence!

Pendant qu'elle parlait, les traits de Suzanne Lambert présentaient la seule expression d'ironie et de menace qui en eût jamais troublé la douce quiétude ; Charles fit un geste d'impatience.

— Ah çà, à qui diable en avez-vous? reprit-il ; je vous avertis, ma bonne, que je ne sais pas deviner les énigmes.

— Je vous parlerai clairement, maître, dès que je ne pourrai être entendue que de vous seul.

— Un tête-à-tête avec vous en ce moment! vous êtes folle?... Je n'ai rien à cacher à personne.

La Bonne-Femme se pencha à son oreille et elle y glissa quelques mots mystérieux.

L'effet de ces paroles sur Grandchamp fut instantané. Il baissa la tête comme si le plafond de la salle eût croulé sur lui. Son visage devint livide ; il lança à Suzanne un regard de fureur et d'effroi semblable à celui de la bête féroce au chasseur qui vient de la blesser. Mais presque aussitôt, par un effort puissant de sa volonté, il modéra cette émotion, et il balbutia on se levant :

— Allons, venez dans mon cabinet, Suzanne ! Je cède enfin à vos instances. Vous avez compté sur la bonté de mon cœur et vous ne vous êtes pas trompée.

En même temps, il se dirigea vers la porte dans une agitation et un désordre d'esprit qui n'échappèrent à aucun des assistants. La Bonne-Femme adressa un signe encourageant à Adélaïde, puis elle suivit Grandchamp de son pas lent et tranquille.

La conférence dura une demi-heure environ. Pendant tout ce temps, Duclerc resta près d'Adélaïde, et pas une parole ne fut échangée entre eux, tant ils étaient préoccupés l'un et l'autre des événements bizarres qui s'accomplissaient en ce moment.

Enfin, le bruit des pas de plusieurs personnes se fit entendre dans la pièce voisine; Suzanne parut, appuyée sur son fils, qui marchait la tête basse, l'air confus et embarrassé. On avait détaché ses liens; il semblait entièrement maître de ses actions.

Un cri de surprise s'échappa de toutes les bouches: cette délivrance du fermier était un miracle pour ceux qui connaissaient l'âme impitoyable du maître du château; Adélaïde courut vers madame Lambert, les bras ouverts.

— Ma bonne mère, ma chère Suzanne, s'écria-t-elle, est-il possible que vous soyez parvenue à l'attendrir ?

— Mon fils est libre en effet, madame, reprit la Bonne-Femme avec simplicité, et votre mari m'a solennellement juré que jamais Denis ne serait poursuivi pour cette malheureuse affaire. Bien plus, M. Grandchamp a voulu accorder à mon fils un pardon complet... il a consenti à renouveler le bail de la ferme pour dix années, aux mêmes conditions qu'autrefois.

Adélaïde la regardait tout effarée; elle ne pouvait croire à tant de magnanimité de la part de son mari.

— Oui, s'écria Denis dans un transport de reconnaissance, c'est un digne homme et un bon maître ! et moi je suis un gueux, un brigand, un vaurien fini, et je mérite d'être fusillé ! Dire qu'après que j'ai voulu le tuer, il a le cœur de me faire grâce et de me laisser la ferme encore ! J'aurais mille existences, que je les donnerais maintenant pour lui, et je ne me pardonnerai jamais mon crime, jamais, jamais !

Suzanne remarqua enfin l'incrédulité et la défiance qui se peignaient sur les traits de madame Grandchamp et de Duclerc.

— Est-il donc étonnant, reprit-elle, que mes prières et le repentir de mon fils aient touché M. Grandchamp, sitôt que le premier mouvement de colère a été passé ?... Mais ces agitations et ces chagrins l'ont cruellement fatigué, Adélaïde, et il a besoin de vos soins... Je l'ai laissé dans son cabinet, et il ne veut voir que vous seule. Mon fils et moi nous allons nous retirer, et sans doute toutes les personnes étrangères qui sont ici comprendront qu'elles doivent faire comme nous !

Cette observation s'adressait à Alfred, qui restait sombre et pensif.

— Suzanne, dit Adélaïde d'une voix étouffée en saisissant la main de la Bonne-Femme, vous me donnerez la clef de ce mystère, n'est-ce pas ?... Ces paroles qui ont changé tout à coup le cœur de mon mari me font soupçonner.

— Ne soupçonnez pas, ma fille; aimez et respectez celui à qui votre sort est uni; il est digne d'affection et de respect.

— Cependant, Suzanne, j'en suis sûre, vous n'avez obtenu cette grâce qu'à des conditions...

— Eh bien ! oui, ma fille, j'ai promis que nous ne nous reverrions jamais qu'en sa présence.

— Je savais bien !

Les deux femmes échangèrent encore quelques mots à voix basse.

— Ah çà, et moi ? s'écria Ravinot avec insolence en croisant les bras sur sa poitrine et en se campant fièrement au milieu de la salle, est-ce que l'on va me renvoyer comme ça ! Est-ce ainsi que l'on agit entre gens d'honneur ? Le maître m'a promis la ferme...

— La ferme de l'Oseraie, à toi ? répliqua Denis dont le regard s'enflamma de nouveau, n'as-tu pas entendu que ce bon M. Grandchamp venait de me la rendre ? Si tu as des prétentions sur elle, tu les discuteras avec moi !

— C'est bon, c'est bon, répondit Ravinot intimidé; vous ne chantiez pas si haut tout à l'heure, maître Lambert ! Mais ce n'est pas à vous que j'ai affaire; si votre girouette de Grandchamp à réellement changé d'avis en si peu de temps, c'est qu'il y a par ici quelque vilaine anguille sous roche; peut-être vos grands airs lui ont-ils fait peur, car je ne le crois pas bien fourni de courage ! Mais je m'en expliquerai avec lui, et s'il ne marche pas droit...

Denis s'avança vers son rival et lui porta son poing au visage :

— Ose le toucher, s'écria-t-il avec énergie, ose le menacer, ose seulement lui en vouloir, et je te jure...

— Denis, mon fils, interrompit madame Lambert en le saisissant par le bras, oubliez-vous déjà quels malheurs a causé votre indomptable violence ? Et vous, Ravinot, continua-t-elle en se tournant vers le campagnard, au lieu de former des projets de haine et de vengeance contre les autres, vous feriez mieux de travailler pour nourrir vos enfants, pour donner des secours à la pauvre Catherine, votre femme, dont la maladie, causée par le chagrin, devient plus dangereuse de jour en jour... Mais retirons-nous, ajouta-t-elle en élevant la voix; personne n'a plus le droit de se trouver entre deux époux qui s'aiment et qui ont besoin d'être seuls après de si tristes scènes...

Elle embrassa Adélaïde qui sanglotait :

— Adieu, mon enfant, murmura-t-elle; vous partez demain, et peut-être ne nous reverrons-nous plus sur la terre; souvenez-vous de mes conseils; chérissez toujours votre mari, le père de votre enfant; chérissez-le, quoi qu'il arrive... Aujourd'hui il s'est montré clément et généreux, ne l'oubliez pas.

Madame Grandchamp ne pouvait s'arracher des bras de la Bonne-Femme; elle ne répondit pas à Denis et à Ravinot, qui la saluèrent et s'éloignèrent par discrétion. Madame Lambert elle-même, malgré son courage, semblait avoir une peine infinie à se séparer de sa fille adoptive, et quelque motif secret lui rendait peut-être plus pénible ce dernier adieu. Enfin elle fit un violent effort sur elle-même; elle se dégagea des étreintes convulsives d'Adélaïde, et elle sortit dans un trouble inexprimable en répétant encore :

— Aimez-le et soyez heureuse.

Madame Grandchamp était anéantie; son âme et son corps étaient également brisés par tant d'émotions. Elle allait cependant se lever pour aller rejoindre son mari, lorsqu'une main s'empara de la sienne, et on lui dit d'une voix mélancolique :

— Est-ce donc là, madame, ce bonheur dont vous étiez si fière ?

Alfred était resté inaperçu dans la salle pendant les adieux des deux amies. Adélaïde se cacha le visage pour ne pas rencontrer le regard de son ancien fiancé.

— Adélaïde, reprit-il avec vivacité, je n'ai plus contre vous aucun sentiment de colère; je vous ai vu trop souffrir ! Je n'éprouve plus que de la pitié pour votre sort, car vous expiez cruellement votre parjure... Il y a autour de vous un mystère qu'il m'importe d'éclaircir; j'essaierai... mais permettez-moi d'espérer que nous nous reverrons bientôt.

— Oh ! non, non, jamais ! murmura la pauvre femme avec épouvante.

— Monsieur Duclerc ! appela-t-on d'une voix sévère.

Alfred se retourna et aperçut Suzanne Lambert debout sur le seuil de la porte.

Il s'inclina profondément devant Adélaïde :

— Nous nous reverrons, répéta-t-il tout bas.

XI

MAITRE RAVINOT

M. et madame Grandchamp étaient partis pour Paris le lendemain de la catastrophe. Fidèle à sa promesse, Alfred Duclerc quitta l'Oseraie le jour même, et tout reprit bientôt à la ferme sa marche accoutumée.

Cependant l'attentat du fermier fit du bruit, quoiqu'on eût recommandé expressément le silence aux gens du château. Les indiscrétions des domestiques, et surtout celles de Ravinot, furieux de voir une si belle proie lui échapper, donnèrent l'éveil à la justice. Denis fut inquiété sérieusement pour cette affaire ; il eût même été arrêté si Grandchamp ne fût intervenu en sa faveur, et il se vit enfin à l'abri de toutes poursuites, après bien des transes et des angoisses dont sa pauvre mère eut une large part.

Cet événement, où le beau rôle était exclusivement pour le maître du château, changea la disposition des gens du pays à son égard. Jusque-là, comme nous l'avons dit, Grandchamp n'avait pas su se concilier l'affection de ses voisins et de ses inférieurs. Il passait pour un homme dur, hypocrite, incapable d'un sentiment généreux, d'une action louable ; mais sa clémence envers le fermier, clémence dont chacun parlait à sa manière, avait produit en sa faveur une popularité aussi exagérée que la haine dont il était l'objet un peu auparavant. On ne pouvait assez rehausser la bonté dont il avait fait preuve en pardonnant à son meurtrier, et surtout en lui laissant l'exploitation de ses immenses propriétés. Quelques incrédules insinuaient avec force hochements de tête et force réticences calculées que l'affaire n'était pas entièrement claire, que la Bonne-Femme avait dû employer, pour émouvoir Grandchamp et lui arracher la grâce du coupable, d'autres moyens que les larmes et les supplications ; mais on les laissait dire, car ceux-là seuls soupçonnaient Suzanne Lambert d'avoir employé des moyens de sorcellerie, et cette opinion était trop opposée aux sentiments de reconnaissance et d'affection qu'inspirait généralement la Bonne-Femme de l'Oseraie. Aussi la réaction avait-elle été prompte en faveur de Grandchamp.

La vénération, l'admiration que Denis professait pour lui depuis l'événement, n'avaient pas peu contribué à ce changement. Le brave fermier était le premier à vanter la générosité de son maître, générosité dont les causes étaient au moins mystérieuses. Par moments, il était si bourrelé de remords, si honteux, si repentant du crime auquel l'avait entraîné une aveugle colère, que sa mère, dont la reconnaissance envers l'époux d'Adélaïde était plus calme et plus raisonnable, s'était crue obligée de lui adresser des consolations. Un jour même, le voyant plus triste qu'à l'ordinaire, elle lui avait dit de sa voix calme et pénétrante :

— Ne vous exagérez pas les bontés de M. Grandchamp, Denis ; il a pardonné aux autres pour qu'il lui fût pardonné à lui-même.

Puis elle était sortie sans vouloir répondre à son fils, qui la pressait d'expliquer ces paroles énigmatiques.

Quelques mois s'écoulèrent ainsi ; l'hiver succéda à l'automne et le printemps à l'hiver. Pendant tout ce temps il n'était arrivé à la ferme aucune nouvelle directe des maîtres de l'Oseraie ; seulement on avait entendu dire vaguement aux domestiques du château que Grandchamp avait été atteint à Paris d'une maladie grave et qu'Adélaïde le soignait avec un zèle, une affection à toute épreuve. Aussi, rien n'annonçait-il la visite des deux époux à ce domaine, où tant de souvenirs pénibles les attendaient, lorsqu'on apprit tout à coup, un matin, qu'ils venaient d'arriver au château, et qu'ils comptaient y passer cette année la belle saison comme les années précédentes.

Cette nouvelle se répandit rapidement, et les habitants de la ferme en furent les premiers informés. La Bonne-Femme montra quelque étonnement, mais Denis, dont cette circonstance ravivait la reconnaissance, laissa éclater les transports de sa joie. Sur-le-champ il prit ses plus beaux habits et courut au château pour complimenter ses maîtres sur leur heureux retour ; mais il revint bientôt triste et désappointé. Il avait trouvé Grandchamp plus languissant, plus souffrant qu'on ne l'avait dit, et l'accueil qu'il avait reçu de lui n'avait pas été cordial. Adélaïde lui avait aussi paru sombre, contrainte ; bref, Denis n'était pas satisfait du résultat de sa démarche, et après l'avoir raconté à Suzanne, il ajouta d'un air d'humeur :

— Ma foi, ma mère, j'ai beau me monter la tête, tout n'est pas en règle dans ce ménage-là. On ne sait si ce sont de bonnes âmes ou des diables incarnés... Enfin, qui vivra verra ! Si vous n'étiez pas discrète comme un saint de bois, vous pourriez peut-être me dire le fin mot de tout ceci ; mais vous laissez les gens barboter sans les aider d'une parole charitable ou d'un bon avis !

La Bonne-Femme sourit avec mélancolie :

— Eh ! que puis-je dire, Denis ? répliqua-t-elle, Dieu seul lit au fond de leurs cœurs !... Partagez-vous donc l'opinion de ces pauvres sots qui m'attribuent un pouvoir surnaturel ? Aimez et respectez vos maîtres, Denis, mais n'enviez pas leur sort ; voilà ce que tout le monde peut vous dire aussi bien que moi.

Denis hocha la tête d'un air de doute, et on ne parla plus de sa visite au château.

Le lendemain était une de ces belles et tièdes journées de printemps où la nature rajeunie se pare de ses plus riants atours. Un soleil délicieux éclairait la campagne ; les arbres étaient couverts de feuillage ; la brise qui avait glissé sur la surface du lac, sur les roseaux en fleurs, emportait avec elle leurs fraîches émanations et leurs parfums. C'était une de ces journées où la sève et la vie pénétrant toutes les créatures, le vieillard se sent plus agile, le malade plus fort, où l'affligé lui-même ne peut échapper aux sensations agréables que lui envoie le monde extérieur, où tout enfin est parfum, harmonie et bien-être.

Vers le milieu du jour, Charles Grandchamp sortit du château pour la première fois depuis son arrivée, et descendit à pas lents l'avenue. Les ravages que la maladie et peut-être des peines morales avaient faits sur lui depuis quelques mois étaient effrayants ; il eût été difficile de reconnaître, à travers sa caducité précoce, un homme encore dans la fleur de l'âge. Son teint était plombé ; ses yeux étaient mornes et éteints ; une maigreur effrayante dévorait ses membres. Son dos était déjà voûté et il marchait avec difficulté en s'appuyant sur un jonc. Enveloppé avec soin dans un paletot d'hiver, il frissonnait par intervalles, comme s'il eût ressenti une impression de froid ; il se traînait péniblement sous les bienfaisants rayons de ce soleil doux et chaud qui récréait la nature.

Naturellement la première visite du maître de l'Oseraie eût dû être pour la ferme et pour les riches domaines qui l'environnaient ; mais il passa sans s'arrêter devant l'embranchement de route qui conduisait chez Lambert. Il sembla même que la vue de la ferme lui fût particulièrement désagréable, car en apercevant les bâtiments dans le lointain il détourna la tête avec une sorte d'effroi.

Cependant, à mi-côte de la colline qui s'élevait en face du château, il fit une pause et contempla le riche paysage qui s'étendait au-dessous de lui. Un sentiment de joie et d'orgueil se montra d'abord sur son visage ; une légère rougeur colora ses joues, un éclat passager brilla dans ses yeux. Peut-être en admirant ces grasses campagnes, ce beau lac aux eaux fertilisantes, ces champs couverts de moissons, ces prairies émaillées de troupeaux, ces habitations riantes, ce château somptueux, se disait-il au fond du cœur : « Tout cela est à moi ! » Mais bientôt, comme si une réflexion douloureuse fût venue l'assaillir au milieu de cet examon de ses richesses, il poussa un soupir, et se remit en marche vers le sommet de la colline.

Il atteignit enfin la grand'route, la traversa rapidement et se dirigea vers un groupe de maisons d'assez pauvre apparence, situé du côté opposé. A mesure qu'il avançait, il donnait des marques plus fréquentes d'inquiétude et de défiance; enfin, après s'être assuré que la campagne était déserte à cette heure de la journée, et qu'aucun indiscret ne pouvait l'observer, il prit un petit sentier conduisant à une maison isolée, à quelques portées de fusil des autres habitations. Cette maison, bien connue dans le pays, appartenait à Ravinot, ce favori de Grandchamp, qui avait été sur le point de devenir fermier de l'Oseraie.

Un mot ici sur ce personnage que nous n'avons pas encore suffisamment fait connaître au lecteur.

La position de Ravinot n'était pas franche dans les campagnes, où tous les habitants se divisent en deux classes bien tranchées, celle des bourgeois et celle des paysans; il avait les vices des uns sans avoir les qualités des autres, ou plutôt il réunissait dans sa personne tous les mauvais penchants des uns et des autres. Ravinot n'était proprement ni cultivateur ni propriétaire, bien qu'il fît valoir lui-même un petit lopin de terre attenant à sa maison, et qui, ainsi que la maison même, était grevé d'hypothèques. Ses moyens d'existence étaient assez mystérieux, la paresse et la débauche l'empêchant de se livrer à un travail sérieux et continu. Il avait en affaires une sorte d'intelligence et une certaine habitude de chicane qui attiraient chez lui tous les plaideurs de sa commune. Il donnait des conseils dans les affaires épineuses, se chargeait des démarches dont personne ne se souciait, intervenait dans les ventes de grains ou de bestiaux, et se faisait payer son courtage tantôt plus, tantôt moins, mais toujours le plus cher possible; c'était enfin un agent d'affaires au petit pied; et, sur une échelle plus vaste, il en eût bien valu un autre, s'il n'eût pas quelquefois rasé de trop près la police correctionnelle. De plus, on vantait son adresse extraordinaire aux différents jeux en usage dans le canton, et il n'eût été son ivrognerie, ses gains lui eussent assuré une existence tranquille. Malgré tout cela, ou peut-être à cause de tout cela, Ravinot avait une réputation détestable; ses petites escroqueries commençaient à ne plus faire de dupes dans le voisinage, et il végétait misérablement avec sa famille, depuis le jour où la ferme de l'Oseraie lui avait échappé, malgré la bonne volonté du propriétaire.

La maison elle-même avait, au premier abord, une assez confortable apparence. Construite en briques, comme toutes celles du pays, elle était recouverte en tuiles ouvragées formant des dessins bizarres, ce qui est le comble du luxe dans l'habitation du paysan picard. Néanmoins elle ne se composait que d'un rez-de-chaussée où une famille devait se trouver à l'étroit, et les fenêtres étaient garnies, au lieu de vitres, de placard de papier huilé, signe extérieur de la misère du dedans.

En approchant, le mari d'Adélaïde entendit des cris d'enfant sortir de la pièce principale occupée par la famille de Ravinot. Une voix faible, sans doute celle de la mère, cherchait à apaiser l'enfant sans pouvoir y parvenir. Sûr de trouver à qui parler, en cas d'absence du maître du logis, Grandchamp souleva le loquet de la porte et entra résolument dans la maison. Alors, à la faveur du demi-jour qui y pénétrait à travers les châssis des fenêtres, un spectacle affligeant frappa ses regards.

Cette pièce était dans un état de dégradation à peu près complet; la plupart des carreaux étaient brisés ou arrachés; la pluie avait filtré entre les solives du plafond, laissant le long des murailles des taches jaunâtres. Un lit à ciel, muni de ses rideaux verts, un berceau de jonc, une table boiteuse et quelques chaises dépaillées composaient le mobilier de cette chambre, où tout attestait le plus profond dénuement. Un feu de tourbe répandait une fumée épaisse et suffocante. Le lit était occupé par une personne malade; les rideaux, à demi-baissés, ne permettaient pas de voir ses traits, mais on entendait ses gémissements lorsque les cris de l'enfant cessaient par intervalle. Un petit garçon de cinq à six ans, couvert d'affreux haillons, ou plutôt demi-nu, était assis à terre, auprès du berceau, cherchant à apaiser son frère. Ravinot était absent, mais une bouteille fraîchement vidée, un verre encore rougi de vin, posés sur la table, annonçaient qu'il n'avait quitté sa famille que depuis peu d'instants.

Grandchamp s'arrêta surpris et effrayé de cette pauvreté. Cependant le bruit de ses pas, le jet lumineux de la porte entr'ouverte avaient trahi sa présence. L'enfant, soit étonnement à la vue d'un étranger, soit tout autre motif, cessa de pleurer; son frère regardait le nouveau venu avec des yeux ébahis. Au même instant, une voix plaintive demanda derrière les rideaux :

— Est-ce vous, madame Lambert? Oh! que vous êtes bonne d'être venue me voir encore!... Je n'ose vous inviter à entrer, car mon mari est près d'ici, et il pourrait nous surprendre d'un moment à l'autre... Cependant, je souffre bien! Oh! mon Dieu, que je souffre!

Ce nom de madame Lambert fit pâlir Grandchamp.

— Comment, s'écria-t-il presque involontairement, cette femme vient donc chez Ravinot?

La malade tressaillit; elle se souleva avec peine sur sa couche, et, écartant les rideaux, elle montra les traits d'une femme jeune encore, mais défigurée par les souffrances physiques et morales.

— Qui est là? demanda-t-elle; ce n'est donc pas madame Lambert? Quoi!... c'est vous, monsieur Grandchamp, continua-t-elle en s'efforçant de sourire, vous nous faites tant d'honneur que de venir nous voir! Asseyez-vous, maître, et excusez-moi si ne puis vous recevoir comme vous le méritez.

— Bonjour, Catherine, répondit Grandchamp d'un ton distrait; êtes-vous donc assez malade pour garder le lit?

— Je le garderai jusqu'à ce que je meure, dit la pauvre femme d'un ton mélancolique, et ce ne sera pas long, je l'espère... Vous savez sans doute quel est mon mal... un cancer à la poitrine! Cette maladie ne pardonne pas... Mes pauvres enfants!

Un soupir douloureux termina sa pensée.

— Et madame Lambert vient vous soigner! demanda Charles, toujours préoccupé du secret qu'il avait surpris; cependant votre mari...

— Oh! si vous le voyez, ne lui parlez pas de cela, s'écria Catherine d'un ton suppliant, Ravinot n'a pas voulu appeler de médecin; il prétend que je le ruinerais en consultations et en remèdes... Et ce serait peut-être vrai, car les maladies coûtent si cher! La Bonne-Femme de l'Oseraie a eu pitié de moi; elle vient de temps en temps, en cachette, m'apporter quelques soulagements... Sans elle, j'aurais déjà mis fin à ma misérable existence, car je ne saurais supporter les maux affreux dont je suis accablée! Je n'ai pas encore reçu sa visite d'aujourd'hui, et mes souffrances augmentent... On me déchire la poitrine! J'étouffe! Mon Dieu, ayez pitié de moi !

La malheureuse retomba sur le lit dans d'atroces convulsions. Grandchamp se tut un moment.

— Je suis étonné, reprit-il en la voyant un peu calmée, que votre mari ne cherche pas à vous procurer les secours de l'art, au lieu de permettre à une femme qu'il déteste de mettre le pied dans sa maison!

— Il ne le sait pas, maître; je vous ai dit qu'il ne le savait pas, et je vous prie instamment de ne pas me trahir!... Il entrerait dans une colère horrible contre moi; il m'obligerait à la renvoyer, et que deviendrais-je sans elle? je mourrais sans secours, sans consolations...

— Ravinot est-il donc tombé dans la misère, pour se refuser...

— Nous sommes gênés, monsieur; les affaires ne vont pas, interrompit Catherine avec empressement en

C'est vrai, mon pauvre Ravinot, répond-il tristement, ma santé est mauvaise. — Page 32, col. 2.

s'efforçant toujours de sourire, mais nous ne sommes pas malheureux tout à fait... Ce n'est pas la faute de Ravinot, allez; le pauvre cher homme se donne assez de mal ! Et si vous avez quelque bonne affaire à lui proposer, il est tout disposé à vous servir !... Oui, oui, ce n'est pas sa faute si nous ne sommes pas aussi à l'aise qu'autrefois.

Grandchamp avait la certitude que la pauvre femme déguisait une partie de la vérité; cependant il se contenta de demander :

— Eh bien! où est-il, votre mari ? J'aurais à causer avec lui.

— Vraiment! s'écria Catherine presque avec gaieté; vous avez peut-être quelque occupation à lui donner ?... Oh! quel heureux coup du ciel, si, avant de mourir, je le voyais bien établi, si j'étais sûre qu'il aurait toujours du pain pour ses enfants !... Non pas qu'ils en aient jamais manqué, au moins, mais...

— Mère, j'ai faim! dit le petit garçon...

La malade rougit de confusion.

— Il a mangé tout à l'heure, reprit-elle avec embarras, le petit gourmand !... Mais vous désirez voir mon mari, maître, il doit être ici... dans l'enclos... Les cris des enfants et mes plaintes involontaires l'impatientaient... Il est sorti pour prendre l'air; vous le trouverez sans peine. Surtout, je vous en prie, ne parlez pas de la Bonne-Femme !

Sans l'écouter, Grandchamp sortit de la maison par une porte latérale qui donnait dans la campagne; il lui tardait d'échapper aux idées pénibles que lui inspirait cette scène de douleur. Il se hâta de traverser une espèce de jardin, rempli d'orties et de chardons, à l'extrémité duquel se trouvait l'enclos désigné par la pauvre malade. Cet enclos exigu et misérable était planté d'une demi-douzaine de pommiers rabougris. Sous leur feuillage, Ravinot, vêtu assez convenablement, le visage frais, les joues légèrement animées par la bouteille de vin qu'il avait bue le matin, se promenait, les mains dans ses poches, le nez au vent, sifflotant entre ses dents une gaudriole villageoise.

Indifférent au contraste que présentait le chef de famille avec la misère et la douleur dont il venait d'être témoin, Grandchamp se dirigea rapidement vers Ravinot. Celui-ci, en reconnaissant le propriétaire de l'Oseraie, fit un mouvement comme pour aller au devant de lui; un sentiment de joie brilla sur son visage; mais se ravisant aussitôt, il attendit le visiteur.

— Bonjour, maître, bonjour, dit-il avec froideur; vous voici donc dans nos pays ! A ne pas vous flatter, continua-t-il en regardant Grandchamp de la tête aux pieds, vous n'avez pas filé un très-bon coton dans l'endroit d'où vous venez ! parole d'honneur ! vous n'avez pas engraissé !

Grandchamp ne parut pas remarquer le ton grossier sur lequel on lui adressait cette espèce de condoléance.

— C'est vrai, mon pauvre Ravinot, répondit-il tristement, ma santé est mauvaise, fort mauvaise depuis... depuis quelques mois, et si je ne parviens pas à faire cesser le chagrin qui me dévore, je n'y résisterai pas longtemps... je suis épuisé de fatigue pour être venu jusqu'ici... j'ai besoin de me reposer... asseyez-vous près de moi et causons un peu de vos affaires.

En parlant ainsi, il se laissa tomber sur le gazon au pied d'un arbre; Ravinot l'imita en l'observant du coin de l'œil pour chercher à deviner où il voulait en venir.

— Eh bien! mon ami, continua Grandchamp avec une aisance familière, vous n'avez pas prospéré non plus, pendant mon absence; il m'a semblé tout à l'heure que votre famille n'était pas dans un état très-florissant ?

— Diablesse enragée, sors d'ici, ou sinon... — Page 35, col. 1re.

— Ah! vous trouvez? répliqua Ravinot en regardant le ciel bleu à travers les branches du pommier qui les ombrageait; oui, les affaires ne vont pas comme sur des roulettes... la ménagère est malade et les enfants piaulent! C'est bien ennuyeux, allez! Aussi ce matin je les ai plantés là; ils me cassaient la tête... Brrr! la mauvaise graine! au diable les femmes et les enfants; j'en ai mon saoul!

Grandchamp ne répondit pas à cette diatribe d'un cœur sec, fermé aux sentiments les plus sacrés; il rêvait aux moyens d'aborder une question délicate. Ravinot, de son côté, attendait toujours qu'on lui fît connaître l'objet de cette visite. Comme son interlocuteur ne se hâtait pas de s'expliquer, il se décida à entamer lui-même la conversation.

— Certainement, reprit-il, sans regarder Grandchamp, si l'on m'avait donné la ferme de l'Oseraie, je n'aurais pas eu le guignon qui me poursuit depuis tantôt six mois... Mais quand les plus riches bourgeois manquent ainsi à leurs promesses, on ne peut plus se fier à rien!

Grandchamp saisit avec avidité cette ouverture.

— Nous y voilà, dit-il en souriant; vous me gardez donc toujours rancune, Ravinot, de la nécessité où je me suis trouvé de retirer ma parole? Écoutez, je n'étais pas libre; je ne pouvais mécontenter madame Grandchamp, en chassant ainsi impitoyablement d'anciens serviteurs de la famille... D'ailleurs, les larmes, les prières de cette pauvre vieille Lambert...

— Allons donc! interrompit sans façon le campagnard, on sait bien, maître, que votre femme ne vous fait pas peur... Quant aux anciens serviteurs, l'un d'eux venait de tirer sur vous un coup de fusil, et la vieille n'était pas assez dans vos bonnes grâces pour vous enjôler avec ses jérémiades... Allez, allez, maître, il y a autre chose, j'ai toujours pensé qu'il y avait autre chose!...

— Vous l'avez pensé, mais vous ne l'avez dit à personne, n'est-ce pas? murmura Grandchamp, qui devint plus pâle encore qu'à l'ordinaire, en se rapprochant de son interlocuteur. Eh bien! j'en conviens, Ravinot, il y a autre chose, il y a un secret dont on a abusé indignement pour torturer ma volonté... Ce secret a rendu mon front chauve, a courbé ma taille avant le temps : ce secret me tuera si je ne parviens à me soustraire aux terreurs qui m'assiègent et le jour et la nuit... Ce secret seul m'a obligé à revenir dans un pays qui m'est odieux à tant de titres! Mais je vous en ai déjà dit assez, trop peut-être... Maintenant vous devez être convaincu de ma sincérité.

Grandchamp s'arrêta un moment pour calmer l'effervescence de ses pensées. Ravinot dardait sur lui des regards vifs et rapides, sans quitter son attitude nonchalante.

— Tiens, tiens! dit-il enfin en ricanant, et cet imbécile de Denis qui s'imagine que vous avez consenti à le garder par générosité pure! Je savais bien, moi, que vous n'étiez pas aussi *bon enfant* que cela, et je le laissais dire... Enfin, pour une raison ou pour une autre, il a gardé la ferme et je me suis trouvé sur le pavé.

— Je vous dédommagerai, Ravinot, je vous dédommagerai, soyez-en sûr; je vous le jure par tout ce qu'il y a de plus sacré, si je parviens jamais à me débarrasser de ces odieux Lambert, la ferme sera pour vous!

— Tout ça, ce sont des paroles, maître; car ni le fils ni la mère ne consentiront jamais à quitter l'Oseraie, où ils se sont acoquinés, et qu'ils considèrent comme à eux. D'un autre côté, vous n'osez pas les renvoyer ouvertement...

3

Montmartre. — Imp. PILLOY frères, VIÉVILLE et COMP.

— Bah! on ne peut pas répondre de l'avenir... Si Denis et sa mère venaient à mourir?
— Hum! ils ont tous les deux un bon tempérament.
— Mais il peut arriver des accidents!
— C'est dangereux.
— Croyez-vous?... Et si la ferme venait à brûler, une belle nuit, avec tous ceux qui seraient dedans?
— Mais vous seriez ruiné!
— Qu'importe! d'ailleurs les bâtiments sont assurés...

Cette dernière partie de la conversation avait eu lieu sur un ton bas et animé; elle fut suivie d'un long silence. Grandchamp toussait dans son mouchoir pour déguiser son malaise évident; quant à Ravinot, il jouait avec des brins d'herbes, il soufflait sur des aigrettes de dent-de-lion, il sifflotait entre ses dents, s'efforçant de montrer une parfaite tranquillité d'esprit.

— Maître, reprit-il enfin, vous aimez ces Lambert encore moins que moi, et ce n'est pas peu dire... Il est vrai que vous avez bien des raisons pour ça; ce n'est pas la faute de Denis si vous êtes encore vivant!

— Oui, oui, j'ai vu la mort de près, répliqua Grandchamp en frissonnant à ce souvenir, et cependant, Ravinot, ce n'est pas le fils que je hais le plus.

— Vraiment... et que vous a donc fait la mère?
— Rien; mais je n'aurai pas un instant de repos tant qu'elle sera sur la terre.
— Voyez-vous ça! dit Ravinot avec un grand flegme.

Il parut réfléchir. Grandchamp suivait avec anxiété ses mouvements.

— Eh bien! maître, reprit le campagnard en pesant chacune de ses paroles, puisque vous êtes en si bonne disposition pour moi, ne pourriez-vous pas me donner une promesse écrite de me confier la ferme de l'Oseraie si les Lambert n'étaient plus là?

Grandchamp fit un geste d'effroi.

— Non, non, pas d'écrit! répliqua-t-il avec vivacité; qui sait comment on pourrait interpréter un pareil acte? Ma parole ne doit-elle pas vous suffire?

— Comme vous voudrez, répondit Ravinot avec son imperturbable sang-froid; vous êtes bien libre! D'ailleurs, je ne vois pas trop en effet à quoi cela pourrait servir, car la mère et le fils ne sont pas prêts à quitter la partie de sitôt, et des accidents n'arrivent pas tous les jours... Allons! continua-t-il en se levant, voilà beaucoup causé pour ne pas dire grand'chose... aussi, si vous voulez bien le permettre, je vais aller voir un peu ce que fait la ménagère et savoir si cette fainéante-là compte rester couchée toute la journée. C'est une pitié qu'une maison où du soir au matin la femme se câline dans un lit!

Grandchamp se leva à son tour.

— Nous reparlerons de tout ceci, Ravinot, dit-il de son ton doucereux, et nous finirons par être cousins l'un de l'autre... Mais il faut que je retourne au château, car cette longue promenade m'a cruellement fatigué... Toutefois ne parlez pas de ma visite; je reviendrai vous voir. En attendant, Ravinot, je vous dois un dédommagement pour avoir manqué de parole il y a six mois... prenez donc ceci en attendant des temps meilleurs.

Il présenta à son protégé une bourse assez bien garnie, que l'autre empocha sans façon.

— Grand merci, maître, ce n'est pas de refus; car j'ai eu à payer il y a quelques jours une dette d'honneur... six écus que j'avais perdus à la foire de la Savinière... Je vous rendrai cela à la première occasion.

— Je ne suis pas pressé, Ravinot, et si je vous trouve tel que je le désire, vous n'aurez pas à vous plaindre de ma générosité.

Tout en causant, ils avaient traversé l'enclos et le petit jardin; ils allaient entrer dans la maison, lorsque Grandchamp retint le campagnard par le bras.

— Un mot encore, reprit-il à demi-voix : ne dites rien à votre femme de ce qui me concerne ou de ce qui concerne les Lambert.

— Je ne la consulte jamais : c'est une sotte.... elle me parle toujours d'aller travailler la terre, comme un paysan! Ça n'a pas la moindre idée des affaires; c'est bête et dévot à faire plaisir? Mais pourquoi me recommandez-vous cela, maître?

— Votre femme reçoit quelquefois en votre absence une personne qui ne doit rien soupçonner de nos rapports mutuels.

— Mais qui donc?

— Suzanne Lambert, celle qu'on nomme la Bonne-Femme, je ne sais trop pourquoi.

— La Bonne-Femme chez moi! s'écria Ravinot en grinçant des dents; et qu'y vient-elle faire, sinon insulter à ma misère! Voyez-vous, maître, je ne suis pas payé non plus pour aimer les Lambert... ils ont répandu, à mon sujet, toutes sortes de calomnies; ils ont conseillé aux gens du pays de ne pas me confier leurs affaires et de ne pas jouer avec moi... Ils m'ont présenté comme un homme sans honneur, comme un escroc... Et cette vieille sorcière ose encore venir ici! Et ma coquine de femme s'entend avec elle! Mille tonnerres! je vais relever cette fainéante du péché de paresse!

Et le campagnard, enflammé de colère, s'élança rapidement vers la maison. Grandchamp avait cédé au sentiment d'égoïsme, mobile ordinaire de ses actions; néanmoins, en voyant quel orage il avait attiré sur une pauvre mourante qui lui avait instamment demandé le secret, il se repentit de son aveu.

— Ravinot, s'écria-t-il, ne la grondez pas! Songez qu'elle est dangereusement malade... Je lui ai promis de ne pas vous parler de ceci.

Mais Ravinot ne l'écoutait pas et s'avançait toujours vers la porte. Grandchamp, dans l'intention louable de l'empêcher de se porter envers Catherine à quelque violence, fit un effort pour le suivre; tous les deux entrèrent presque à la fois dans la pièce unique occupée par la famille, et ils restèrent stupéfaits du changement inattendu qui frappa leurs regards.

XII

LA GARDE-MALADE.

On avait donné de l'air et de la lumière à ce bouge enfumé où il était impossible de respirer une heure auparavant. Les meubles étaient en place, le lit avait été garni de draps d'une blancheur de neige, et un feu clair brillait dans la cheminée. Les enfants, calmes et gais, grignotaient dans un coin de larges tartines beurrées. La table était couverte de plantes médicinales et de drogues soigneusement étiquetées, de provisions délicates, de vases destinés à contenir les boissons, enfin de toutes les choses que le zèle le plus intelligent avait jugées nécessaires à une malade. L'abondance avait succédé comme par enchantement à la misère, pendant la courte entrevue de Ravinot et de son protecteur.

Au moment où ils entrèrent, le génie bienfaisant de ce pauvre foyer était encore là, accomplissant son œuvre de charité; c'était Suzanne Lambert. Déjà plusieurs fois la malade l'avait priée avec instance de s'éloigner dans la crainte que Ravinot ne rentrât tout à coup; mais la Bonne-Femme, malgré ses avertissements et ses prières, n'avait rien voulu négliger de ce qui devait procurer quelque soulagement ou quelque bien-être à la maîtresse du logis. Elle allait et venait avec activité, toujours attentive, calme, insensible aux dangers qui la menaçaient dans cette demeure inhospitalière.

Elle venait de préparer une boisson pour adoucir les cuisantes douleurs de la malade, et elle la présentait d'une main à la pauvre femme, tandis que de l'autre elle soulevait sa tête avec de grandes précautions. Catherine pâlit tout à coup ; elle repoussa le breuvage salutaire, et, jetant un cri d'effroi, elle retomba évanouie sur son grabat. Elle venait de voir son mari paraître à la porte du jardin.

On sait, en effet, quelle colère avait montrée Ravinot lorsque Grandchamp lui avait appris les visites de Suzanne Lambert ; qu'on juge donc de ce qui dut se passer dans cette farouche organisation lorsqu'il aperçut la femme, dont le nom seul le mettait en fureur, installée chez lui et remplissant avec sécurité le pieux devoir qu'elle s'était imposé. Revenu de son saisissement, il bondit tout à coup vers elle, l'œil animé, les lèvres pâles, les poings serrés, en s'écriant avec un effroyable blasphème :

— Diablesse enragée, sors d'ici, ou sinon...

La maison trembla sous les pas précipités du campagnard ; les enfants, en voyant leur père s'élancer ainsi, poussèrent des cris d'épouvante. Cependant Suzanne ne se retourna pas, ne fit pas un mouvement pour éviter l'effroyable coup qui la menaçait. Tout occupée de la malheureuse femme, qui venait de s'évanouir, elle ne voulait pas songer à son propre danger. Quand elle sentit le poing formidable de Ravinot se lever au-dessus de sa tête, pas un muscle de sa noble et vénérable figure ne trahit la crainte. Sans regarder le forcené, elle lui tendit la tasse qu'elle avait à la main et elle lui dit avec une simplicité angélique :

— Tenez ceci... votre femme se trouve mal.

Le calme de cette action, la douceur de cette voix, ce sang-froid héroïque frappèrent de stupeur le terrible Ravinot. Une force surnaturelle, plus puissante que sa volonté et que sa colère, venait de se révéler tout à coup à lui. Il resta immobile, la bouche béante ; puis sa main convulsivement élevée s'abaissa doucement, les muscles se détendirent, et enfin il prit la tasse qu'on lui présentait, pendant que Suzanne secourait la pauvre femme évanouie.

Grandchamp, spectateur muet sinon indifférent de cette scène rapide, s'avança vers Ravinot, en disant d'un ton irrité :

— Eh bien, monsieur, que signifie une pareille violence ? J'ai cru un moment que vous alliez frapper cette excellente madame Lambert ! Par tous les démons, je ne vous l'aurais pardonné de ma vie ! C'eût été indigne, odieux, abominable, et vous eussiez payé cher votre brutalité, je vous le jure !

Mais Suzanne ne parut pas plus remarquer la bienveillance exagérée de Grandchamp que la fureur aveugle de Ravinot. Elle ne répondit pas une parole et elle continua sa charitable besogne. Le maître du logis, sa tasse à la main, disait à voix basse à l'étranger, avec une sorte de terreur :

— Elle est sorcière, sur ma parole ; elle est sorcière, comme on le croit... Elle m'a jeté un sort ; je ne me connais plus !

La malade rouvrit les yeux. La vue de son mari muet et presque calme, malgré la présence de Suzanne, acheva de dissiper son évanouissement causé par la frayeur. Un léger coloris reparut sur ses joues flétries, et adressant un sourire mélancolique à Ravinot, elle allait parler, lorsque la Bonne-Femme lui dit avec une douce autorité :

— Soyez tranquille, ma pauvre Catherine ; toute émotion est dangereuse dans votre maladie... Suivez mes conseils et ayez l'esprit en repos pour ce qui me regarde. Je ne crains personne, et je ne vous abandonnerai pas.

— Elle est intrépide comme une lionne, pensa Grandchamp en se retirant dans un angle obscur ; s'il le fallait, elle serait inexorable !

— Oh ! mon Dieu ! aurez-vous donc la bonté de revenir me voir ? soupira Catherine en joignant les mains ; vous êtes mon bon ange !

— Qu'elle ne s'y fie pas trop ! dit Ravinot d'un air farouche, sans toutefois regarder madame Lambert ; aujourd'hui elle en a été quitte pour la peur, grâce à quelque sortilège qui m'a, je ne sais comment, coupé bras et jambes, mais à la prochaine occasion...

— Rien ne m'empêchera de revenir ici, dit la Bonne-Femme avec fermeté, si cette malheureuse créature a encore besoin de mes secours... Je puis bien peu de chose contre la cruelle maladie qui la dévore : cependant mes soins ne lui manqueront pas tant qu'elle sera ainsi abandonnée. C'est un devoir d'humanité auquel je ne dois pas renoncer.

Cette résistance réveilla la colère un moment assoupie du maître du logis.

— Je vous le défends, s'écria-t-il d'un ton formidable ; vieille harpie, si je vous retrouve ici...

— Paix, Ravinot, paix, je vous en prie, dit Grandchamp d'une voix doucereuse en intervenant de nouveau dans la discussion, osez-vous bien parler ainsi à une sainte femme, venue chez vous, au risque d'un mauvais accueil, pour accomplir une œuvre de charité ? Fi ! fi ! vous devriez rougir d'être si ingrat et si brutal !

Ravinot se tourna vers lui, tout surpris de le voir prendre chaleureusement la défense d'une personne pour laquelle il avait exprimé tant de haine peu d'instants auparavant. Grandchamp baissa la tête d'un air d'embarras ; le regard froid de Suzanne Lambert venait enfin de se fixer sur lui.

— Que mon maître me pardonne, dit-elle en s'inclinant ; je donnais toute mon attention à cette pauvre Catherine, et je n'avais pas remarqué sa présence... Je vois avec chagrin, continua-t-elle en l'examinant avec une sorte de pitié, que son séjour à Paris n'a pas été favorable à sa santé !

— Il est des maladies qui ne se guérissent nulle part, madame Lambert, murmura Grandchamp d'une voix altérée, et vous le savez bien... Mais, reprit-il avec effort, pour en revenir à votre discussion avec ce cerveau brûlé de Ravinot, il serait sage à vous peut-être de ne plus revenir ici.

— Et qui donc soignera cette pauvre créature ? dit Suzanne en baissant la voix ; elle souffre les plus affreuses douleurs et son cas est mortel.

— J'enverrai prier M. Germain, le médecin de la commune, de passer ici chaque jour et de donner ses soins à Catherine. Je me charge de tous les frais... si toutefois, Suzanne, vous ne me jugez pas indigne de m'associer à votre bonne action.

La Bonne-Femme fit un signe d'assentiment.

— Ainsi donc, voilà qui est convenu, reprit Grandchamp, dont le front était couvert d'une sueur froide sans qu'on en sût la cause ; et vous, Ravinot, cet arrangement vous déplairait-il ?

— Oh ! mon Dieu, dit Ravinot avec insouciance en haussant les épaules, ce n'est pas la peine, allez ! on dit qu'elle n'en guérira pas ; à quoi bon se mettre en dépense ?... Du reste, qu'on fasse ce qu'on voudra, pourvu que je ne voie pas chez moi des personnes dont la présence ne m'est pas agréable.

Suzanne prit son châle et adressa tout bas à la malade quelques paroles encourageantes.

— Que Dieu et la Sainte-Vierge vous récompensent ! dit Catherine avec un accent de profonde reconnaissance en cherchant à se soulever ; je mourrai en bénissant votre nom.

— Te tairas-tu, bigotte imbécile ! s'écria Ravinot ; que le diable confonde ces éternelles pleurnicheuses !

— Mon ami, soupira la malade, que j'ai rien que de bénédictions à lui donner... je prierai Dieu pour elle comme pour mes enfants !

La Bonne-Femme, au moment de sortir, s'avança vers Grandchamp, et elle lui dit avec un mélange de colère et de pitié en désignant Ravinot :

— Voilà donc l'homme en qui vous avez mis votre confiance ?

Puis, sans attendre de réponse, elle quitta la maison. A peine eut-elle disparu que Grandchamp sembla saisi d'un malaise extraordinaire. Il prit sa canne et son chapeau.

— Il faut que je la rejoigne, dit-il d'une voix altérée, il faut que je lui parle... Elle m'a vu ici, elle va croire que nous complotons quelque chose contre elle... Adieu, adieu, Ravinot ! Ne brusquez pas votre femme ; Suzanne m'en voudrait... Ne faites rien, je vous en prie, pour fâcher Suzanne Lambert ! Surtout ne parlez pas de nos projets ; je reviendrai plus tard. Adieu.

Et il sortit comme un fou, laissant Ravinot tout abasourdi par ce brusque départ.

Suzanne était déjà loin ; mais l'inquiétude donnait au maître de l'Oseraie une vigueur fébrile. Il traversa la grand'route et il atteignit l'avenue ; alors seulement, du haut du coteau qui dominait ses possessions, il aperçut madame Lambert qui s'avançait tranquillement à l'ombre des peupliers.

Un redoublement de terreur s'empara de lui ; le tremblement convulsif dont nous avons parlé agita de nouveau tous ses membres. Cependant il ne ralentit pas sa course ; il obéissait à cette fascination magnétique qui force le petit oiseau à venir se jeter dans la gueule du serpent, ou plutôt il semblait subir cette fatalité inexorable qui, dans les cauchemars, pousse le songeur vers un abîme. Tout son être résistait à l'action de sa volonté, son front se couvrait de sueur, ses jambes fléchissaient sous lui, et il marchait toujours d'un pas inégal, saccadé, mais rapide.

Suzanne, de son côté, ne se doutait pas qu'il fût si près d'elle. Elle continuait sa promenade, s'arrêtant par intervalles pour cueillir les plantes médicinales qui croissaient sur le bord du chemin. Enfin, le bruit des pas, en se rapprochant, attira son attention ; elle regarda derrière elle, et reconnaissant son maître, elle resta immobile, soit pour l'attendre, soit pour lui céder le passage par respect.

Cette action si naturelle augmenta le trouble de Grandchamp ; il baissa les yeux, il rougit, puis il pâlit. Le regard de la Bonne-Femme, ce regard si doux, si bienveillant pour tous, semblait avoir pour lui seul quelque chose de formidable. Il s'arrêta tout à coup sans pouvoir prononcer une parole.

— Maître, demanda madame Lambert avec simplicité, était-ce moi que vous cherchiez ? Aviez-vous à me parler ?

— Moi ! balbutia Grandchamp en essayant de sourire, oui, madame... C'est-à-dire, non... je voulais seulement vous demander...

Mais, incapable de résister plus longtemps à ses tortures intérieures, il appuya sa main contre un arbre et il murmura avec un accent déchirant :

— O mon Dieu ! que je souffre !

Une pitié véritable se peignit sur les traits de Suzanne.

— N'est-ce pas, dit-elle d'une voix pénétrante, que la vie est bien longue et bien douloureuse quand on a un remords dans le cœur ? Et cependant, Charles Grandchamp, est-ce bien le remords qui vous a vieilli ainsi et usé avant le temps ? Est-ce bien le remords ou le désir de la vengeance qui vous a ramené dans ce pays ? Je pensais que, moi vivante, vous n'oseriez pas y revenir...

— Et pourquoi ne serait-ce pas un sentiment louable, madame Lambert, me croyez-vous donc entièrement incapable d'une pensée noble et désintéressée ?

— Peut-être non, monsieur ; mais si une pareille pensée germait dans votre cœur, elle serait impuissante devant le sentiment honteux qui absorbe toutes vos facultés, qui dirige toutes vos actions, la peur....
Oh ! ne protestez pas, ne souillez pas vos lèvres d'un mensonge ! Ma vue vous est odieuse, je le sais ; j'en prends à témoin votre contenance morne, votre embarras, le tremblement de votre voix.... Eh bien, que me voulez vous ? Pourquoi êtes-vous revenu à l'Oseraie, au risque de me rencontrer seul à seul comme en ce moment ? N'ai-je pas tenu ma parole ? Le mari d'Adélaïde n'est-il pas aimé, estimé, respecté de tous ? N'a-t-il pas eu déjà des preuves suffisantes de ma discrétion ? A-t-il donc besoin d'un nouveau serment pour être assuré de mon éternel silence ?

— Ne croyez pas cela, Suzanne, dit Grandchamp avec empressement ; vous êtes fidèle à vos promesses comme à vos menaces ; mais, de mon côté, n'ai-je pas rempli les conditions que vous m'avez imposées ? Votre fils avait voulu me tuer, et je lui ai fait grâce ; bien plus, j'ai pris sa défense, je l'ai traité avec bonté ; je l'ai laissé, comme par le passé, disposer de mon bien ; je lui ai donné ma confiance... serez-vous donc plus sévère pour moi que je ne l'ai été pour Denis.

— Monsieur Grandchamp, dit la Bonne-Femme d'une voix grave, je n'ai rien à pardonner, car je ne suis pas votre juge ; adressez-vous à Dieu ; seul il mesure le crime et la peine... Quant à moi, pauvre créature, que le hasard a rendu dépositaire de votre affreux secret, je vous répéterai ce que je vous dis lors de la terrible catastrophe où je vous forçai d'être généreux : si ma conscience m'eût ordonné de révéler la vérité, je n'eusse pas hésité ; mais puisque j'ai cru que la charité et la religion m'obligeaient de vous laisser le temps de vous repentir, puisque j'ai dû souffrir que vous usurpiez encore l'affection, la considération du monde, c'est à la condition que votre vie sera véritablement une vie d'expiation, et que vous ne profiterez pas de vos avantages pour faire le malheur des autres. Deux personnes qui me sont, à moi, plus chères que la vie, éveillent particulièrement en vous des sentiments de colère et de haine : l'une est mon fils Denis, l'autre est votre femme Adélaïde de Saint-Chaumont... Tant que vous n'attaquerez ni l'un ni l'autre dans leur bonheur et dans leur repos, vous n'aurez rien à craindre de moi ; je l'ai juré devant Dieu, j'ai pris à témoin la mémoire des morts ! Mais le jour où vous lâcherez la bride à vos désirs de vengeance, vous me trouverez implacable dans mes poursuites ; je voudrais alors vous épargner, que le devoir m'obligerait d'être impitoyable comme la justice divine !

Grandchamp était foudroyé : il n'osait ni remuer ni parler ; cette véhémente apostrophe avait paralysé toutes ses résolutions.

— Comment pouvez-vous craindre, madame, reprit-il enfin avec humilité, que je manque à mes engagements solennels ? Denis, votre fils, n'est-il pas à l'abri de tout caprice de ma part ? L'exploitation de la ferme ne lui est-elle pas confiée par acte légal pour vingt ans encore ? Que puis-je contre lui désormais ? Quant à Adélaïde, cette femme que j'ai tant aimée, qui m'a coûté tant de maux, pouvez-vous me croire insensible aux soins, à l'affection dont elle me comble sans cesse ? Ecoutez : je sais, comme vous peut-être, qu'elle n'a pu arracher de son cœur l'image d'un autre plus heureux ; elle a regretté le moment d'entraînement où elle consentit à unir son sort au mien, et peut-être la vie morne et triste qu'elle mène auprès de moi augmente-t-elle ses regrets chaque jour ! A Paris, d'où nous venons elle a dû rencontrer plus d'une fois ce jeune homme, cet ancien fiancé... Ils se sont parlé, ils sont revenus sans doute sur le passé... Eh bien ! Suzanne, malgré tout cela, je n'ai plus contre Adélaïde ni fiel ni colère ; je la plains au fond de mon âme, et bien loin de chercher à augmenter ses maux secrets, je voudrais lui en diminuer le poids.

La Bonne-Femme l'observait avec défiance, mais Grandchamp tenait constamment les yeux tournés vers la terre, et ses traits n'exprimaient autre chose qu'une vive douleur physique.

— Puissiez-vous être sincère ! reprit-elle en soupirant ; puissent les soupçons que j'avais conçus en vous voyant revenir dans ce pays n'être pas fondés ! Votre première visite était de nature à les confirmer.

— Ah ! vous voulez parler de Ravinot ! dit Grandchamp avec empressement ; j'en conviens, il n'a pas bonne réputation, mais je devais à cet homme quelques excuses pour la manière dont on l'avait congédié le jour de l'événement... Enfin, puisqu'il vous fait ombrage, je ne le verrai plus; les bienfaits dont je comblerai sa pauvre femme m'acquitteront envers lui... Ravinot ne peut ni ne doit avoir rien de commun avec moi.

Suzanne se taisait; Grandchamp, croyant n'avoir pas suffisamment combattu ses soupçons au sujet de Ravinot, allait revenir sur ce point, qui lui tenait le plus au cœur; la Bonne-Femme l'arrêta par un geste :

— C'est assez, monsieur; reprit-elle; vous n'avez pas besoin de vous justifier. Quant à moi, je ne crains rien, je ne puis rien craindre de personne; je défie les machinations et les intrigues; je mourrai, sans me plaindre, le jour que la Providence aura marqué.... Mais je vous retiens ici, et j'oublie combien cette entrevue doit être pénible pour vous; désormais, je saurai vous éviter... par pitié pour l'état où je vous vois... Adieu. Songez que la miséricorde divine elle-même se lasse quand on méconnaît l'heure du repentir !

Elle s'inclina froidement et voulut s'éloigner; mais Grandchamp semblait vivement effrayé des dispositions défiantes dans lesquelles il la laissait, il se décida donc à frapper un grand coup, et il la retint par le bras.

— Suzanne, reprit-il en faisant un visible effort sur lui-même, je vais vous prouver combien j'ai confiance dans vos promesses. Vous m'avez parlé à peine d'Adélaïde, et cependant vous souffrez d'être séparée d'elle; je ne m'oppose plus à ce que vous la voyiez pendant notre séjour à l'Oseraie... Suzanne, j'en suis sûr, vous ne lui apprendrez pas à haïr et à mépriser celui qu'elle doit aimer !

Madame Lambert ne pouvait croire à tant de bonheur; son visage avait pris une animation extraordinaire.

— Serait-il possible que votre cœur fût changé ! s'écria-t-elle; la souffrance et les remords vous auraient-ils rendus bon ? Quelle que soit la cause de cette faveur précieuse, soyez béni pour me l'avoir accordée... Revoir Adélaïde, mon enfant bien-aimée, la fille de ma chère Élisabeth ! Oh ! merci, monsieur Grandchamp; maintenant seulement je puis vous croire sincère dans votre repentir. Je cours à l'instant au château embrasser Adélaïde...

— Au château, vous ne seriez ni aussi libres ni aussi tranquilles que vous le désireriez l'une et l'autre... Je me fie à vous sans réserve.... Adélaïde ira vous voir.

— Où donc, monsieur ?

— A la ferme, comme autrefois... Adieu.

Et Grandchamp se dirigea rapidement vers l'Oseraie, pendant que la Bonne-Femme, immobile et les yeux levés au ciel, disait avec l'accent d'une fervente prière :

— O mon Dieu ! prenez pitié de ce pécheur qui veut réparer ses fautes... Son cœur s'ouvre déjà aux douces et bienfaisantes pensées !

Elle reprit sa marche d'un pas léger, le cœur plein de joie. En approchant de la ferme, elle aperçut de loin son fils qui s'éloignait dans une direction opposée; il se glissait le long des buissons, comme s'il eût voulu échapper aux regards. Cependant elle eut le temps d'observer que Denis était vêtu avec recherche et qu'il avait mis ses habits des grands jours.

XIII

CONFIDENCES.

En rentrant à la ferme, madame Lambert interrogea Louison, la plus curieuse et la plus bavarde de ses servantes, sur le motif de la promenade mystérieuse de son fils. Peu d'instants auparavant, un petit paysan de la Pêcherie, village situé à une demi-lieue de là dans les marais, était venu à l'Oseraie apporter une lettre qu'il avait voulu remettre à Lambert en personne. Aussitôt après l'avoir lue, le fermier avait passé son habit des dimanches et était sorti précipitamment après toutefois avoir congédié le petit messager, dont Louison elle-même n'avait pu tirer une parole.

Cet événement eût été de la plus mince importance dans la vie agitée des citadins, mais il avait un sens sérieux dans la vie simple et monotone des habitants de la ferme.

Qui avait écrit cette lettre ? Pourquoi avait-elle été envoyée avec tant de mystère ? Comment Lambert avait-il mis tant d'empressement à se rendre sans doute à une invitation pressante ? La Bonne-Femme connaissait toutes les affaires de son fils; elle se perdait dans ses réflexions. Cependant, comme les circonstances les plus inexplicables ont quelquefois les causes les plus simples, comme elle était sûre à l'avance que Denis lui dirait tout à son retour, elle ne s'arrêta pas longtemps sur ce sujet. Elle donna des ordres pour que l'on préparât une collation légère, ne doutant pas qu'au premier mot de son mari madame Grandchamp ne s'empressât d'accourir; elle voulait que la ferme eût un air de fête pour recevoir sa jeune maîtresse.

Les prévisions de madame Lambert se trouvèrent justes, et furent même dépassées par l'empressement d'Adélaïde. La Bonne-Femme était encore occupée à dresser dans l'apothicairerie une petite table chargée de fruits et de laitage, quand des pas précipités se firent entendre dans la pièce voisine; on appela d'une voix douce et haletante :

— Suzanne ! ma chère Suzanne, où êtes-vous ?

Madame Lambert tressaillit et laissa tomber la corbeille de fruits qu'elle disposait sur la table. Au même instant Adélaïde se jeta dans ses bras.

Elles se tinrent longtemps embrassées; elles semblaient ne plus pouvoir se quitter. Adélaïde pleurait à chaudes larmes, et il y avait quelque chose de convulsif dans ses étreintes. Quoique l'émotion de Suzanne fût plus calme, elle n'en était pas moins profonde. On avait rarement vu pleurer la Bonne-Femme de l'Oseraie; mais deux grosses larmes roulaient en ce moment sur ses joues vénérables.

Elles se séparèrent enfin et elles se regardèrent en silence. Adélaïde avait bien souffert depuis quelques mois; son visage était amaigri, ses yeux étaient cernés; cependant elle était plus belle que jamais, quoique sa beauté eût pris un autre caractère. Sa toilette, de la plus grande simplicité, témoignait de son empressement à courir à la ferme aussitôt après avoir reçu la permission. Une robe blanche, une écharpe noire et un chapeau de paille à larges bords, dont les rubans flottaient sur ses épaules, lui formaient un charmant négligé, qui convenait parfaitement à sa pâleur et à l'expression mélancolique de sa physionomie.

— Vous seule n'êtes pas changée, ma bonne Suzanne, dit madame Grandchamp avec un sourire de bonheur; les agitations et les chagrins de la vie ne peuvent altérer la douce quiétude de votre âme et de vos traits, au lieu que moi... Regardez, Suzanne, eussiez-vous reconnu votre petite Adélaïde, votre rieuse enfant, votre espiègle amie ?

— Toujours, ma fille, dit la Bonne-Femme en l'embrassant de nouveau. Oh ! je vous ai vu déjà depuis votre retour... On nous avait séparées, on nous avait défendu de nous rapprocher; mais en apprenant votre arrivée au château, je me suis glissée derrière la haie du jardin, et là j'ai attendu que le hasard vous fit passer près de moi... Je vous ai vue enfin de loin, de bien loin, sans oser aller vous embrasser, vous dire un mot du cœur... Mais j'avais reconnu vos traits, j'avais cru entendre le son de votre voix, et j'étais heureuse !

— Ma bonne Suzanne ! de mon côté j'ai bien souffert de votre absence ! si vous saviez...

Sa figure s'altéra et sa voix s'éteignit.

— Allons, calmez-vous, mon amie, reprit madame Lambert en lui présentant un siège; prenez un peu de repos... Mon Dieu ! comme vous voilà essoufflée et haletante ! vous êtes venue toujours en courant !

si vous étiez encore mon élève, je vous gronderais bien fort... Allons, buvez un peu de lait, cela vous remettra, cruelle enfant !

En parlant ainsi, elle forçait Adélaïde à s'asseoir en face de la table où était préparée la collation, et elle se disposait à la servir avec ces soins maternels dont elle avait conservé l'habitude. La jeune femme promena sur ces modestes apprêts un regard mélancolique; elle reprit avec un sourire :

— Suzanne, j'avais raison tout à l'heure de dire que rien n'était changé pour vous : voilà bien les fruits que j'aimais, et cette crème parfumée qui nous semblait si bonne quand Gustave, moi, et un *autre* encore, nous venions, au retour d'une joyeuse promenade, passer un moment avec vous... oui, voilà bien une collation comme celles que vous nous offriez dans ces temps de bonheur et de paix ! Vous êtes encore aussi douce, aussi indulgente, aussi aimante qu'autrefois ; mais, Suzanne, où est la gaieté qui me faisait trouver ces fruits si savoureux ? où est la santé de l'enfance qui me permettait toujours de faire honneur à votre simple repas ?

— Eh bien ! ma chère Adélaïde, dit la Bonne-Femme à demi-voix en lui prenant les mains, si vous ne pouvez plus trouver à ces modestes mets la saveur d'autrefois, nous avons encore l'amitié qui les assaisonnait... Adélaïde, nous avons bien des choses à nous dire ?

— Oh ! oui, mon amie, bien des choses, et des choses telles que j'hésite encore à vous les avouer à vous, ma seconde mère, à vous, habituée à lire dans mon âme comme dans un livre ouvert...

Les yeux de la Bonne-Femme se fixèrent sur madame Grandchamp, qui baissa les siens.

— Adélaïde, reprit-elle avec son inaltérable bonté, vous ne m'avez jamais donné lieu de vous reprocher des fautes, vous ne devez pas rougir de me confier des chagrins !... Adélaïde, demanda-t-elle après un moment de silence, vous êtes donc malheureuse ?

La pauvre jeune femme enlaça ses bras autour du cou de sa compagne.

— Oui, bien malheureuse, Suzanne ; je suis à bout de force et de courage ! Je ne trouve plus de consolation même dans la prière ! Tout me poursuit, tout me menace, tout me fait peur !... Vous, vous seule, m'aimez sur la terre ; vous seule pouvez me conseiller, m'encourager, me rendre forte... Sans vous je suis perdue !

Madame Lambert cherchait à calmer par des paroles affectueuses ce profond désespoir qui éclatait tout à coup après avoir été longtemps contenu ; mais Adélaïde ne semblait pas entendre ses consolations, et elle répétait en sanglotant :

— Je suis perdue ! je suis perdue !

— Mais enfin, mon enfant, que s'est-il donc passé depuis votre départ de l'Oseraie ? Parlez sans crainte, Adélaïde ; ne suis-je pas disposée à excuser vos faiblesses, à réparer vos erreurs si vous êtes coupable ? Que pouvez-vous craindre de votre vieille Suzanne ? Voyons, avouez-moi la vérité... Votre mari s'est-il montré dur et cruel envers vous ? Ne vous aimerait-il plus ?

Adélaïde répondit à voix basse et d'un air un peu égaré :

— Il m'aime encore, Suzanne, et c'est là le plus affreux de mes supplices !

— Que signifie ceci, Adélaïde, et d'où vous vient cet étrange langage ?

— Ce que j'ai à vous dire est horrible, et cependant je parlerai, je vous révélerai des souffrances qui me tuent... Suzanne, vous n'ignorez pas avec quelle répugnance j'avais donné ma main à l'homme qui est aujourd'hui mon mari ; mais autrefois, du moins, il avait à mes yeux un prestige de générosité et de dévouement qui me faisait croire que je l'aimais ; aujourd'hui, ce prestige s'est évanoui. Depuis le jour funeste où votre fils a osé attenter à ses jours, je ne sais ce qui s'est passé en moi, je ne sais quel soupçon terrible s'est glissé dans mon cœur, mais, malgré moi, Suzanne, malgré mes efforts pour me rappeler ses services passés, malgré la reconnaissance, malgré le devoir, je me suis prise à le haïr, à le mépriser... Grondez-moi, accablez-moi de reproches, mais que puis-je contre mes affections ou mes antipathies ? Écoutez : chaque instant de ma vie auprès de lui est une torture nouvelle ; tout en lui m'irrite et m'épouvante. Le bruit de ses pas me fait tressaillir d'effroi, le son de sa voix me fait pâlir et trembler, le contact de sa main est pour moi comme le contact d'un reptile venimeux... A sa vue, tout mon être se soulève de dégoût et d'horreur : ses mystérieuses souffrances même augmentent la terreur qu'il m'inspire... Et cet homme est mon mari et mon maître, Suzanne ; il est le père de mon fils ; j'ai promis devant Dieu de l'aimer et de le respecter ; je dois vivre et mourir avec lui ! Oh ! Suzanne, Suzanne, j'ai honte de moi-même !

Elle cacha son visage dans le sein de sa vieille confidente.

— Pauvre petite ! murmurait madame Lambert, voilà donc ce que je craignais !, mes précautions et ma prudence n'ont pu empêcher ce malheur !

Et elle prodiguait les plus tendres caresses, les paroles les plus affectueuses à sa pupille.

Lorsqu'elle vit madame Grandchamp un peu calmée, elle reprit avec douceur :

— Parlons raison, mon enfant ; pour vous aider à guérir votre mal, je dois en bien connaître les symptômes, et vous me pardonnerez si, en sondant les blessures de votre cœur, je ravive un instant vos douleurs. Eh bien ! ma chère Adélaïde, je ne crois pas à ces haines sans motif, nées un jour par hasard, et que les femmes délicates des grandes villes attribuent à de mystérieuses répulsions de leurs nerfs, à des antipathies subites et merveilleuses. Je ne comprends pas ces subtilités, moi, simple campagnarde ; et vous, mon élève, vous devez être supérieure à de semblables faiblesses... Soyez donc entièrement franche avec moi, Adélaïde, et convenez que votre mari a des torts envers vous dont vous ne m'avez pas encore parlé ; des torts réels, positifs, matériels... Expliquez-vous ; Grandchamp vous a-t-il blessée dans vos instincts de femme ? vous a-t-il irritée par d'injustes procédés ? vous a-t-il tourmentée par des soupçons jaloux ? Dites-moi la vérité, et s'il vous a donné des motifs sérieux de le haïr, peut-être mon intervention ne sera-t-elle pas inutile pour le faire rentrer en lui-même... il peut se rendre au langage de la raison ; une fois déjà j'ai fait le bonheur de l'adoucir...

— Oui, oui, je m'en souviens, dit Adélaïde, qui peut-être ne se souciait pas de répondre directement aux questions pressantes de madame Lambert ; je sais quel pouvoir vous exercez sur lui, Suzanne, et je n'ose y songer sans effroi... Pour asservir cette nature égoïste et farouche, il a fallu quelque secret terrible, impénétrable, sur lequel je n'ose permettre à ma pensée de s'arrêter. Vous occupez dans sa vie une place immense depuis le jour où nous avons quitté l'Oseraie, et je me trompe fort, ou vous pourriez seule révéler la cause du chagrin qui le ronge. La nuit il prononce votre nom dans des rêves affreux ; votre souvenir le poursuit comme un remords, et peut-être...

— Vous ne répondez pas, Adélaïde, interrompit madame Lambert, qui n'était pas fâchée à son tour de détourner la conversation de ce sujet épineux.

— Eh bien ! ma bonne mère, je n'ai à lui reprocher, surtout depuis quelque temps, ni mauvais traitement, ni outrageante défiance, ni paroles amères ; je crois même, comme je vous l'ai dit, qu'il m'aime encore, quoique je n'occupe plus exclusivement ses pensées... mais son amour me fait peur ; lorsqu'il s'approche de moi, j'éprouve tout à coup un irrésistible sentiment d'aversion et de dégoût ; je me sens trembler, un froid glacial pénètre jusqu'à mon cœur... Je ne saurais embrasser mon fils lorsqu'il a déposé un baiser sur sa joue, et si je crois reconnaître dans les traits de mon enfant une fugitive ressemblance avec les siens, je détourne les yeux en frissonnant.... Ne refusez pas de croire, Suzanne, à une triste et épouvantable réalité; ces haines instinctives ne sont ni rares ni absurdes comme vous vous l'imaginez; ce sont des pressentiments qui ne trompent pas toujours et avertissent de se tenir sur ses gardes... Enfin, Suzanne, pour tout vous dire, près de lui j'ai des pensées affreuses de crime, de trahison, de vengeance sombre et longuement méditée... je me surprends par moments à penser qu'il serait capable de me tuer!

La Bonne-Femme se leva brusquement.

— Malheureuse enfant! où vous emporte votre imagination exaltée? Lui, vous tuer! oh! non, non, il est.. Mais ceci devient de la folie, continua-t-elle en se rasseyant, et ces terreurs inexplicables me font soupçonner une chose que vous eussiez dû, Adélaïde, m'avouer tout d'abord: vous avez vous-même des torts graves envers votre mari et vous craignez d'attirer sur vous une colère méritée!

Madame Granchamp baissa la tête en silence.

— Voilà donc la vérité! reprit madame Lambert avec chaleur, voilà la cause de cette haine à laquelle vous donniez tant de motifs étranges! Ce qui vous a rendu votre mari odieux, c'est la comparaison avec un autre homme dont je ne puis nier moi-même les bonnes et solides qualités... de vieux souvenirs se sont réveillés, le contraste du bonheur dont vous eussiez pu jouir avec votre situation présente a enflammé votre imagination, peut-être même des entrevues fréquentes et secrètes...

Adélaïde rougit de confusion, mais elle se taisait toujours. Suzanne crut devoir parler plus clairement.

— Ne cherchez pas à dissimuler; M. Alfred était à Paris en même temps que vous, et vous avez dû le voir plusieurs fois.

— Que dites-vous, Suzanne, qui a pu vous apprendre...

— Qu'importe, si cela est vrai?

— Eh bien! oui, s'écria madame Grandchamp en se jetant de nouveau dans les bras de son amie; pardonnez-moi, Suzanne, je n'avais pas le courage de vous l'avouer. Oui, il est venu à Paris, il s'est attaché à mes pas; je l'ai vu, je lui ai parlé, je lui ai laissé entrevoir l'étendue de mes chagrins...

— Insensée! et votre mari?

— Mon mari a tout ignoré; le mauvais état de sa santé, ses tristes préoccupations ne lui permettaient pas de m'accompagner d'ordinaire... moi j'étais heureuse de le fuir, lorsque mes soins ne lui étaient pas absolument nécessaires, ou lorsqu'il avait besoin de solitude... Je rencontrai ce jeune homme une fois par hasard, et mon premier mouvement fut de l'éviter; mais il avait montré tant de générosité le jour où il était venu au château pour sauver la vie d'un homme qu'il détestait!... D'ailleurs il avait été l'ami de Gustave... Je le revis donc souvent, je le vis tous les jours; il me suivait partout; je le trouvais dans chaque maison où j'allais. Je ne pouvais refuser de le connaître, de lui parler... D'abord je m'étudiai à me montrer seulement froide et polie avec lui, mais peu à peu cette glace se fondit malgré moi. Il avait deviné mes souffrances, et il y prenait une part si vive! Je me laissais aller au charme de verser mes chagrins dans le cœur d'un ami. Vous n'étiez plus là, Suzanne, je me voyais seule au monde et j'avais besoin d'épancher ma douleur... Que vous dirai-je, enfin? vous ignorez quelles facilités on trouve dans cet immense Paris à se voir et à se parler sans éveiller le soupçon? dans les salons, pendant qu'un froid sourire effleurait nos lèvres, nous échangions tout bas nos regrets et nos plaintes...

— Et il vous parlait de son amour, Adélaïde? Entretenait dans votre cœur cette haine coupable contre le père de votre enfant; il cherchait à égarer votre raison, il vous prouvait que vous étiez en droit de trahir vos devoirs?

— D'abord il ne montrait que de la pitié pour mes maux; puis il osa m'entretenir du passé, de ses espérances déçues; la première fois je lui fermai la bouche et je m'éloignai. Mais il ne se découragea pas, il me lassa par son opiniâtreté et je finis par l'écouter sans colère... bien plus, il lut peut-être dans mes regards un certain plaisir lorsqu'il m'exprimait une affection si franche, si profonde, si constante...

Suzanne Lambert était plus émue en ce moment qu'elle ne l'avait été dans les circonstances les plus critiques de sa vie.

— Un mot, Adélaïde! un mot, de grâce! demanda-t-elle d'une voix altérée : êtes-vous coupable envers Dieu, envers votre époux, envers votre enfant?

La jeune femme redressa vivement la tête, mais elle la baissa presque aussitôt sous le regard ardent de sa confidente.

— Je ne suis pas coupable, murmura-t-elle, et cependant je n'ose me montrer fière d'être restée fidèle à mon devoir; le hasard ou plutôt la miséricorde divine m'a sauvée.

Elle s'arrêta; Suzanne attendit l'explication de ces paroles.

— Vous allez me mépriser, reprit madame Grandchamp d'un ton plus bas, mais j'irai jusqu'au bout... Il y a quelques jours on m'a rappelé énergiquement que tous nos maux avaient été causés par cet homme, on a réchauffé mon aversion pour lui, on a cherché à excuser à mes yeux une faiblesse coupable, on a fini par me conseiller de fuir...

— Et vous avez repoussé cette proposition avec horreur?

— Dussiez-vous me maudire, j'hésitais, lorsqu'un mystérieux caprice de mon mari m'a fait quitter Paris.

— Mais vous eussiez refusé, n'est-ce pas, mon Adélaïde, mon enfant? n'est-ce pas, vous eussiez refusé?

— Qui sait, ma mère, jusqu'où aurait pu m'entraîner ma pitié pour l'un et mon horreur pour l'autre?

— Mais vous eussiez songé à votre devoir, à vos serments sacrés?

— J'aurais pensé à ce que serait devenu mon fils s'il fût resté entre les mains d'un pareil père.

— Oh! mon Dieu! mon Dieu! dit la Bonne-Femme avec désespoir en levant les yeux au ciel, vous l'avez donc abandonnée!

— Pas encore, Suzanne, reprit Adélaïde dans un transport de douleur, pas encore, si vous voulez me venir en aide... Je suis faible et vous êtes forte... secourez-moi et je résisterai encore...

— Eh! que puis-je pour une femme qui s'abandonne elle-même?

— Ne me repoussez pas, Suzanne; ne m'accablez pas de vos reproches, ils me déchirent le cœur. J'ai lutté longtemps, mais mon courage est épuisé; le fardeau qui pèse sur moi est trop lourd, il m'écrase, et je ne sais jusqu'où j'aurai encore la force de le porter... Suzanne, mon amie, ma bienfaitrice, mon ange tutélaire, le danger peut se présenter de nouveau d'un moment à l'autre, ne me laissez pas seule aux prises avec lui!... Suzanne, il peut venir ici, renouveler ses instances, ses menaces, et si vous vous détournez de moi, comment parviendrai-je à le repousser? Je l'aime!

— Qu'osez vous dire?

— Je l'aime, je l'aime, je l'aime! répéta la jeune femme avec égarement.

Il serait impossible de reproduire la scène qui suivit cette longue confidence; les deux femmes s'embrassaient et pleuraient, échangeant rapidement des paroles sans suite. Adélaïde s'était exaltée jusqu'au délire; ses sentiments éclataient avec d'autant plus de violence qu'elle les avait étouffés plus longtemps. La Bonne-Femme elle-même était, comme nous l'avons dit, dans un état de trouble où jamais ses malheurs personnels n'avaient pu la jeter; sa fermeté, son sang-froid, sa raison ordinaires l'avaient abandonnée; le

Maître, demanda madame Lambert avec simplicité, était-ce moi que vous cherchiez? — Page 36, col. 1re.

récit des souffrances de son enfant d'adoption, la franchise absolue de cette confession, et peut-être quelque motif particulier qui rendait la jeune femme moins coupable à ses yeux, avaient un moment amorti l'inflexible austérité de ses principes; elle n'avait pour la coupable que des paroles d'indulgence.

Enfin cependant Adélaïde se montra plus tranquille, et, comme il arrive d'ordinaire après l'aveu d'une faute grave, elle parut effrayée elle-même de ce qu'elle venait de dire :

— Qu'allez-vous penser de moi, ma bonne mère? murmura-t-elle en se cachant le visage.

Madame Lambert profita de cet instant pour reprendre peu à peu son ascendant sur sa pupille. Elle lui fit entendre le langage de la raison; son éloquence onctueuse et persuasive acheva d'apaiser cette âme troublée. Adélaïde l'écoutait avec docilité.

— Ma fille, ajouta Suzanne en se levant, votre plus grand malheur en ce moment est de désespérer de vous-même; ayez confiance en votre force, vous parviendrez à dominer les événements et votre propre cœur... De mon côté, je vous soutiendrai par mes conseils, par mon expérience, par mon amitié; hélas! que de maux on vous eût épargnés si l'on n'avait eu la fatale pensée de nous séparer !

— Oh! merci, merci, ma chère Suzanne, reprit la jeune femme avec un accent de profonde gratitude; je me sens soulagée d'un grand poids depuis que j'ai déposé mes tristes secrets dans votre cœur! Déjà plusieurs fois j'ai été sur le point d'accourir ici, malgré la défense sévère de celui dont je porte le nom, pour tout vous dire, pour pleurer avec vous... Vous me donnez confiance et courage!

— Il ne faut avoir de confiance qu'en Dieu et en vous-même, Adélaïde; cependant je réfléchirai à vos fâcheuses confidences; je songerai aux moyens de vous faire sortir victorieuse de ces épreuves cruelles, priez Dieu, ma fille... on puise bien des consolations dans la prière!

— Je ne l'oublierai pas, Suzanne, et cette pensée que vous allez veiller sur moi me fait déjà tant de bien !... Pourvu, continua-t-elle avec un reste d'égarement, qu'il n'ose pas venir ici troubler ma solitude et détruire votre ouvrage; s'il me poursuit jusqu'ici, je suis perdue; son regard me fascine, le son de sa voix détruit mes résolutions les plus fermes...

— Il ne viendra pas, Adélaïde; il n'oserait venir ici... il est homme d'honneur, et il comprendra quelle lâcheté il y aurait à vous persécuter, à compromettre votre réputation par de fausses démarches... Non, non, il ne viendra pas, je m'en porte garant; chassez cette pensée qui augmente vos angoisses... Mais excusez-moi, mon enfant, continua-t-elle affectueusement, si je vous fais remarquer que le moment est venu de nous séparer ; notre causerie a été longue, et une absence prolongée pourrait exciter la défiance de votre mari... Effacez les traces de vos larmes, composez votre visage, qu'il ne puisse soupçonner ces violentes émotions; il en prendrait de l'ombrage, il nous empêcherait peut-être de nous voir, de causer, d'épancher nos cœurs, et il faut, Adélaïde, que nous voyions souvent, bien souvent...

— Tous les jours, Suzanne; vous remplacerez ma bonne et tendre mère... Mes malheurs ont commencé du jour où je l'ai perdue!

La Bonne-Femme soupira à ce souvenir. Madame Grandchamp venait de mettre son chapeau et se préparait à se retirer ; elles s'embrassèrent encore avec effusion.

— Allons, adieu, mon enfant, reprit Suzanne, revenez demain, et peut-être Dieu m'aura-t-il inspiré quelque sage résolution pour vous rendre la paix du

Grâce, madame, grâce et pardon pour lui!.. — Page 43, col. 1re.

cœur... Je ne vous accompagne pas jusqu'à l'avenue; on pourrait nous épier, et une intimité trop grande inspirerait des soupçons à votre mari... Aimez-le, malgré ses torts, Adélaïde, aimez-le si vous voulez être digne de l'affection des autres!

En parlant ainsi, elles étaient sorties de la maison; la présence de quelques servantes les obligea de s'observer, elles échangèrent donc un dernier adieu et elles se séparèrent; madame Grandchamp gagna rapidement le château; Suzanne rentra dans son cabinet afin de réfléchir aux confidences qu'elle venait d'entendre.

A peine avait-elle eu le temps de se remettre de son agitation et avait-elle commencé à envisager froidement la situation nouvelle d'Adélaïde, que le pas lent et lourd de son fils retentit dans la cuisine. Presque au même instant Denis parut. Il avait un air embarrassé, contraint; son beau costume des dimanches avait été un peu compromis par la promenade qu'il venait de faire à travers champs, et soit fatigue, soit préoccupation, son front était couvert de sueur. En entrant il déposa dans un coin le gros bâton qu'il portait d'ordinaire dans ses courses, et il se laissa tomber sur une chaise en disant :

— Bonjour, ma mère.
— Bonjour, Denis, répliqua la Bonne-Femme d'un ton distrait.

Denis ôta son chapeau, s'essuya le front avec son mouchoir, croisa et décroisa ses jambes, et reprit enfin en cherchant à se donner un air d'indifférence :

— Eh bien! ma mère, vous ne me demandez pas d'où je viens?
— Et d'où venez-vous, Denis?
— Ah! je ne puis pas vous le dire.

Suzanne sourit de la naïveté de son fils et elle retomba dans ses réflexions.

Pendant la pause qui suivit, le malaise de Lambert augmenta; il se mouchait bruyamment pour attirer l'attention de sa mère, il tambourinait avec ses doigts sur la table et agitait son pied en cadence. Évidemment le brave fermier avait sur le cœur un secret qu'il grillait de confier à Suzanne, mais par un scrupule de conscience, il voulait se le faire arracher. Madame Lambert, toujours pensive et muette, la tête appuyée sur sa main, ne remarquait pas son petit manége. Il reprit en se grattant l'oreille :

— Dites donc, ma mère, vous avez dans la tête quelque chose qui vous tarabuste fièrement... c'est comme moi, je suis joliment tarabusté, allez! Dieu! que je suis tarabusté!

— Qu'avez-vous donc, Denis?
— Moi? rien... histoire de jaser.

La Bonne-Femme s'aperçut enfin de la préoccupation de son fils, et alors seulement elle se souvint des circonstances particulières qui avaient marqué sa sortie peu d'heures auparavant. Une pensée lui vint; peut-être la démarche de Denis n'était-elle pas étrangère à ce qui faisait l'objet de ses propres réflexions; elle demanda d'un ton plein de bienveillance?

— Que se passe-t-il donc, mon pauvre Denis? Je vous trouve aujourd'hui tout extraordinaire... la lettre que vous venez de recevoir vous annoncerait-elle quelque événement fâcheux?

— Quelle lettre? dit le fermier avec étonnement.
— Mais celle que vous avez reçue il y a deux heures et qui vous appelait à la Pêcherie.
— Sois-je écorché comme un rat mort, s'écria Denis moitié colère, moitié riant, si cette mienne mère-là n'a pas un démon familier qui lui conte à l'oreille toutes mes actions! Et d'où pouvez-vous savoir que j'ai reçu une lettre et que je viens de la Pêcherie?
— Je vous ai vu vous diriger de ce côté, Denis, et Louison m'a dit...

— Au diable la bavarde! me voilà bien avancé... j'avais promis de garder le secret, et, par l'indiscrétion de cette sotte péronnelle, je suis obligé de tout vous dire... Oh! je vous connais; ma mère : qu'on vous donne un bout de fil et vous aurez bientôt dévidé le peloton... D'ailleurs, il faudrait tôt ou tard vous expliquer de quoi il retourne; puisque aussi bien le mal est fait, vous me gratifierez d'un bon conseil, car si je sais comment me tirer de là... Au moins, ma mère, vous remarquerez que je ne vous ai pas parlé le premier de cette affaire !...

Certainement Denis était beaucoup moins mécontent qu'il ne voulait le faire croire. Suzanne s'en douta peut-être, et elle lui dit froidement :

— Si vous avez promis de vous taire, Denis, si vous avez engagé votre parole, je ne vous demande pas votre secret ; la parole d'un honnête homme doit être sacrée.

— Si, si ; j'aime mieux en finir, reprit le fermier précipitamment : avec ce que vous savez, vous n'auriez pas de peine à découvrir le reste, et je préfère vous conter rondement la chose... Eh bien ! vous ne devinez pas de qui était cette lettre de perdition ? Je vous le donne en cent, je vous le donne en mille !

— Que sais-je, mon fils ?

— De M. Alfred, de l'ancien ami de M. Gustave...

— De M. Alfred Duclerc ! répéta la Bonne-Femme avec effroi. Miséricorde ! que voulait-il de vous ?

— Il m'attendait à la Pêcherie, et il me priait d'aller bien vite le trouver sans rien dire à personne.

— Il est ici ! murmura la Bonne-Femme d'un air de profonde consternation.

— Ça vous fait de l'effet, reprit le fermier en remarquant son émotion; c'est comme moi... J'en étais *tout chose* à cause de la bonne jeune dame du château... Cependant je me suis empressé de m'habiller et de courir à la Pêcherie...

— Et vous l'avez vu ?

— Pardieu ! si je l'ai vu ; il est chez le bonhomme Michaud, le chasseur de canards qui demeure à deux pas de la rivière... Il était lui-même habillé en paysan, et la famille Michaud ne croyait certainement pas que ce fût un personnage de si haute volée...

— Un pareil déguisement dénote des projets coupables, dit Suzanne à demi-voix ; eh bien ! Denis, comment vous a-t-il reçu ?

— Il m'a embrassé bien cordialement, le brave jeune homme ! ensuite il m'a emmené dehors pour causer, attendu que les Michaud, père et fils, étaient là, ouvrant de grands yeux et de grandes oreilles. Alors il m'a dit un tas de choses.

— Mais quoi donc, enfin ?

— D'abord qu'il m'aimait beaucoup, que j'étais un homme probe, honnête, digne de toute sa confiance, quoique j'eusse parfois la tête chaude comme le jour... vous savez... J'attendais toujours pour voir où il voulait en venir. Enfin il s'est décidé, et il m'a appris en confidence qu'il avait compté sur moi pour un service où il s'agissait du bonheur de sa vie. — « Je suis votre homme ! lui ai-je répondu ; je vous dois votre revanche pour une certaine frottée que je vous ai donnée bien à contre-cœur dans la chapelle de Saint-Euve ; que faut-il faire ? » Il a paru d'abord embarrassé, puis il m'a avoué peu à peu qu'il aimait toujours notre jeune maîtresse, qu'il la croyait être aimée d'elle, que son mari était un sournois et qu'elle était malheureuse comme les pierres avec lui, qu'il était décidé à l'enlever, et enfin que si je voulais l'aider, j'aurais fait son bonheur et celui d'Adélaïde !

— Et vous avez refusé, n'est-ce pas, Denis ? vous n'avez pas eu la faiblesse d'accepter cette proposition ?

— Vous pouvez le croire, ma mère. Je me souviens trop des bontés de notre maître pour moi lorsque j'ai fait des bêtises, là-bas au château... Je n'aiderai jamais qui que ce soit à lui souffler son épouse, allez ! je l'ai déclaré à M. Alfred. Alors il s'est mis en rage contre moi et il m'a dit qu'il en trouverait d'autres moins scrupuleux, que j'étais parfaitement libre de lui refuser ce service, mais qu'il ne me considérait plus comme un ami... Ensuite il m'a bien recommandé de ne parler de lui à personne, surtout à vous, et nous nous sommes séparés assez mal ensemble. Il est rentré chez Michaud et je suis parti... Voilà.

Pendant ce récit, Suzanne Lambert était en proie à une grande anxiété; les paroles d'Adélaïde lui revenaient à la mémoire : « *S'il reparaît à l'Oseraie, je suis perdue !* »

— Eh bien ! ma mère, demanda Lambert du ton d'un enfant qui attend des éloges mérités, êtes-vous contente de moi ? peut-être n'aurais-je pas dû vous dire cela, mais...

— Vous vous êtes conduit en honnête homme, Denis ! mais maintenant que faut-il faire, bon Dieu ?

— Ah ! voilà ! que faut-il faire ? Je me posais précisément cette question en venant ici ; mais je ne vois pas du tout ce qu'il y a à faire, et là-dessus, ma mère, je ne serais pas fâché d'avoir votre avis... Moi, je ne trouve rien, et vous ?

Suzanne tomba dans une morne rêverie.

— Denis, reprit-elle enfin d'un air de résolution, gardez un profond silence sur tout ceci... je vais tenter de nouveaux efforts afin d'éviter les malheurs que je prévois.

Et elle fit ses préparatifs pour sortir.

— Mais où donc allez-vous, ma mère ?

— A la Pêcherie, mon fils ; il n'y a pas de temps à perdre... nous serions responsables devant Dieu des maux que nous aurions pu empêcher.

Elle sortit précipitamment sans vouloir permettre à son fils de l'accompagner ; elle ne rentra que le soir, épuisée de fatigue mais non abattue.

— Eh bien, ma mère ? demanda Denis avec empressement.

— Je n'ai pu rien obtenir, dit-elle en soupirant. Tout mon espoir est maintenant en elle... Je ne reculerai devant aucune extrémité pour empêcher Adélaïde de Saint-Chaumont, la fille de ma chère Elisabeth, de commettre une faute !

Le lendemain Adélaïde ne vint pas à la ferme, malgré sa promesse ; lorsque la Bonne-Femme se présenta au château, on lui dit que la maîtresse était sortie.

XIV

CATHERINE.

Trois jours s'étaient écoulés sans que Suzanne Lambert eût revu madame Grandchamp en particulier, et cette circonstance lui inspirait les plus tristes réflexions. Une chose cependant la rassurait encore : elle était retournée à la Pêcherie pour chercher Duclerc et le supplier de s'éloigner, mais elle avait appris des bonnes gens qui avaient donné asile à l'ancien fiancé d'Adélaïde que, depuis sa dernière visite, le jeune homme inconnu était parti, après avoir généreusement récompensé ses hôtes, et qu'il avait probablement quitté le pays. Ce départ était-il réel, ou bien Alfred, se voyant découvert, avait-il choisi une autre retraite dans le voisinage, voilà ce que Suzanne ne pouvait deviner. Néanmoins, la Bonne-Femme supposait avec raison que si Adélaïde refusait de se montrer, c'était qu'elle craignait des reproches mérités ou qu'elle avait subi une influence ennemie ; dans l'un et l'autre cas, cette obstination à se cacher était du plus sinistre augure.

Ces pensées occupaient madame Lambert, le soir du troisième jour, à l'issue du souper, dans cette salle de la ferme que nous connaissons déjà. Il était nuit close ; deux lumières éclairaient les restes d'un frugal repas auquel Denis avait fait honneur avec son appétit ordinaire. Plusieurs fois il avait cherché, tant par son exemple que par ses conseils, à décider sa mère à l'imiter ; mais Suzanne n'avait répondu que par un signe affectueux de refus aux pressantes invitations du fermier. Pensive et morne pendant le cours du souper, elle avait prononcé à peine quelques monosyllabes afin de soutenir la conversation languissante. Tout, dans son extérieur, annonçait cet abattement qui parfois s'empare des esprits les plus actifs, des âmes les plus fermes, jusqu'au moment où un nouvel événement vient leur rendre leur ressort et leur énergie.

Lorsque Louison se fut retirée, Lambert, que la mélancolie de sa mère inquiétait véritablement, lui dit d'un ton d'intérêt :

— Voyons, ma mère, je n'aime pas vous voir ainsi abattue, vous n'avez ni bu ni mangé depuis ce matin... Que diable! il ne faut pas non plus se laisser aller au chagrin ! vous savez cela mieux que personne, vous qui savez tant de choses! Vous pensez encore à la jeune maîtresse, n'est-ce pas? Allons, du courage, sapristie! elle nous reviendra... Si elle a des affaires, cette chère dame !

— Le courage ne me manque pas, Denis, répliqua la Bonne-Femme avec un soupir, et cependant vous avez deviné juste : le sort de ma pauvre Adélaïde remplit constamment ma pensée.

— Eh bien, quoi! vous n'avez pas de motifs pour vous tourmenter; l'autre... l'amoureux, n'est-il pas parti? Tenez, ma mère, je parierais que notre maître s'est ravisé et qu'il a encore défendu à sa femme de venir à la ferme?

— Cela pourrait être, répliqua Suzanne d'un air de réflexion, et plaise à Dieu que ce soit là le motif réel de l'éloignement d'Adélaïde. Denis... continua-t-elle d'un ton différent, aujourd'hui, dans vos courses, n'avez-vous rien entendu dire sur le château et sur ceux qui l'habitent ?

— Rien d'important, ma mère ; le maître est allé hier encore chez Ravinot ; il en est revenu malade, et on a été obligé de le mettre au lit. Il a eu un accès de fièvre violente toute la nuit... Sur ma parole, si M. Grandchamp ne s'était pas montré brave homme lors de mon affaire, je soupçonnerais qu'il manigance quelque vilenie avec ce fripon de Ravinot... Il y a quelque chose entre eux, voyez-vous ; Jacques, le valet de chambre de monsieur, me disait, ce matin, que la fatigue seule n'aurait pu mettre M. Grandchamp dans cet état, et qu'il avait dû éprouver une forte crise dans la journée d'hier pour se trouver si mal...

La Bonne-Femme l'écoutait avec attention.

— Vraiment, Denis, demanda-t-elle, le maître aurait-il appris l'arrivée de cet imprudent Alfred à l'Oseraie ?

— Peuh! cela serait possible, quoique personne ne sache ce qu'est devenu le jeune M. Duclerc... Mais, attendez, ma mère; vous voulez être informée de tout ce qui se passe dans le pays ; je vais donc vous parler d'une petite circonstance qui fait jaser aujourd'hui nos garçons de charrue et nos servantes. Imaginez qu'une chaise de poste est arrivée ce matin à l'auberge de l'Aigle-Noire, à une demi-lieue d'ici, sur la grand'route. Une espèce de monsieur, peut-être un domestique déguisé, en est descendu, a fait remiser la voiture et s'est établi dans l'auberge en annonçant qu'il avait affaire dans le voisinage ; nos beaux parleurs de la cuisine supposaient que cette visite avait rapport aux maîtres de l'Oseraie.

— Et quelle raison ont-ils de supposer cela, Denis ?

— Ma foi, je l'ignore, mais Gros-Jean a vu dans la journée le voyageur en question rôder de ce côté. Les chevaux de poste sont en permanence à l'Aigle-Noire, et l'on peut partir d'un moment à l'autre...

Suzanne réfléchit un moment.

— Qui sait si notre maître n'a pas eu connaissance du séjour de M. Duclerc ici, dit-elle enfin comme à elle-même, et s'il ne veut pas partir furtivement, afin de soustraire Adélaïde aux poursuites de son rival ? Ainsi s'expliquerait l'empirement de sa maladie, la séquestration d'Adélaïde... Denis, continua-t-elle en se levant, informez-vous à ce sujet; moi, de mon côté, je recueillerai tous les renseignements possibles sur cette voiture et ce voyageur... Peut-être cette nouvelle en effet intéresse-t-elle nos maîtres.

En même temps elle se préparait à sortir. Denis suivait d'un regard étonné ses mouvements.

— Ce n'est pas pour vous offenser, ma mère, dit-il avec intérêt, mais où pouvez-vous aller à pareille heure? Il est tard ; la nuit est sombre et le temps n'est pas sûr...

— J'ai à sortir, mon fils ; j'ai promis ce soir de me rendre chez une malade qui a besoin de mes secours.

— Encore !... au diable soient les malades et les maladies ! fit Denis d'un ton d'humeur.

Mais voyant Suzanne froncer le sourcil :

— Et sauf votre respect, ma mère, continua-t-il plus doucement, pourrait-on vous demander quelle est cette malade ?

— C'est la pauvre Catherine Ravinot.

— Miséricorde! s'écria le fermier, vous allez chez Ravinot à dix heures du soir, par des chemins déserts, et lorsque vous avez tant de raisons de vous défier de ce coquin-là ?... Que le diable m'espingole si je vous permets de faire cette folie!

— Il le faut pourtant, Denis; j'ai promis.

— A qui donc, ma mère?

— A Fanchette la cavaudeuse, la plus proche voisine des Ravinot... Fanchette allait travailler pour quelques jours au château de Traville, et, en passant par ici, elle est venue me dire que Catherine Ravinot était dans un état désespéré, et qu'elle avait absolument besoin de me voir, de me parler; que, si je voulais me rendre ce soir à dix heures chez elle, son mari serait absent; qu'elle me suppliait de n'y pas manquer, car il y allait de choses de la plus haute importance... Vous le voyez, mon fils, je ne puis me dispenser de me rendre à l'invitation de cette malheureuse femme ; les désirs d'une personne mourante sont sacrés!

— Tout ceci me paraît fièrement louche ! A quoi bon vous donner rendez-vous si tard et d'une manière si pressante ?... Tenez, ma mère, croyez-moi, ne sortez pas ; on vous tend quelque piège... Ravinot est capable de tout!

— Et quel intérêt aurait-il à me faire du mal? D'ailleurs, s'il avait de mauvaises intentions, prendrait-il pour complice cette pauvre Catherine, si honnête et si bonne?

— Je ne dis pas le contraire, ma mère ; mais enfin si vous voulez absolument aller chez Ravinot à cette heure, permettez-moi du moins de vous accompagner...

— Non, non, Denis, couchez-vous, ne vous occupez pas de moi; bien souvent je suis sortie plus tard et par des temps plus mauvais qu'aujourd'hui... Laissez-moi aller et que Dieu vous donne une bonne nuit, mon garçon ; vous en avez besoin, car vous avez rudement travaillé toute la journée... Quant à moi, n'ayez aucune inquiétude, je rentrerai bientôt.

Denis voulut insister, mais sa mère lui imposa silence par un geste noble auquel l'honnête fermier était habitué à obéir. Madame Lambert, pour effacer l'impression pénible que son opiniâtreté eût laissée à son fils, lui donna un baiser sur le front et lui sourit affectueusement; puis elle sortit de la maison.

La Bonne-Femme, en effet, était habituée à ces promenades nocturnes; elle allait fréquemment au milieu de la nuit visiter des malades à grandes distances, et jamais il ne lui était arrivé d'accident. Elle connaissait parfaitement le pays, les chemins lui étaient familiers; tout faisait donc supposer qu'elle parviendrait sans mésaventure chez Ravinot, et elle ne pensa pas un seul instant qu'elle pût courir un danger quelconque dans ces campagnes désertes.

La température était douce. Bien que la lune fût au-dessus de l'horizon, une couche épaisse de nuages, interceptant ses rayons, ne laissait passer qu'une lueur vague et uniforme. Par moments, de violentes bouffées de vent venaient courber la cime des peupliers et s'abattre sur les buissons ; alors des mugissements sourds se propageaient de proche en proche, roulaient dans l'étendue et allaient se perdre au loin, pour revenir encore et se faire entendre sur plusieurs points à la fois. Pendant les intervalles de calme, on distinguait les chants clairs et cadencés d'un rossignol caché dans le feuillage. Des feux follets dansaient au-dessus de ces grands roseaux qui s'étendaient à quelque distance comme une mer de verdure.

Indifférente aux charmes mélancoliques de cette nuit de printemps, Suzanne s'avançait d'un pas égal, évitant par une sorte d'instinct les ornières du chemin, et elle arriva bientôt à la grande avenue du château. Là, une double rangée d'arbres produisait une obscurité profonde ; elle venait de s'enfoncer sous cette voûte de feuillage, lorsque tout à coup elle s'arrêta et prêta l'oreille.

Malgré les mugissements du vent, elle avait cru entendre comme un piaffement de chevaux sur le cailloutis de l'avenue. Il lui fallut attendre que la rafale fût passée ; au moment où le dernier frémissement s'éteignit dans les branches, tout était devenu silencieux. Elle regarda avec anxiété autour d'elle, mais elle ne put rien distinguer. Le château seul se détachait, grâce à sa situation élevée, au-dessus de la ligne sombre de l'horizon ; mais aucune lumière ne brillait à ses fenêtres, et ses habitants se livraient sans doute au repos à cette heure avancée de la nuit. Suzanne se remit en marche.

— Je suis folle, murmura-t-elle, ce que m'a dit Denis au sujet de cette voiture de poste me tourne la tête... J'aurais juré cependant que j'avais entendu le pied d'un cheval retomber lourdement sur le pavé... le vent aura produit ce bruit étrange !

Elle se retourna cependant plusieurs fois ; elle finit par entrevoir une masse noire et immobile sous les arbres de l'avenue ; mais, se croyant dupe d'une illusion, elle ne voulut pas revenir en arrière. Il lui sembla aussi plus d'une fois entendre un bruit de pas à quelque distance derrière elle ; mais qui pouvait se trouver à pareille heure dans ce lieu solitaire ? Sans s'inquiéter de cette circonstance, Suzanne continua d'avancer avec rapidité.

Elle allait enfin atteindre la grand'route, quand une espèce d'ombre, paraissant sortir d'un des bas-côtés de l'avenue, vint se placer au milieu du chemin. En ce moment le vent soufflant avec violence faisait flotter les vêtements blancs de l'apparition, qui ressortait nettement au milieu de l'obscurité. Suzanne s'arrêta, plutôt surprise qu'effrayée. Une voix mélancolique demanda faiblement :

— Est-ce vous, madame Lambert ?

Cette voix était celle de Catherine Ravinot.

Suzanne, malgré son intelligence remarquable, n'était pas entièrement affranchie des préjugés superstitieux des campagnes ; d'ailleurs, la solitude, le silence, l'obscurité avaient exalté son imagination. Il n'était donc pas étonnant qu'une idée extraordinaire eût traversé son cerveau. Elle répondit d'une voix un peu tremblante :

— Qui m'appelle ? est-ce vraiment Catherine Ravinot, ou bien est-ce son âme qui vient se recommander à mes prières ?

L'ombre se rapprocha de Suzanne.

— C'est bien moi, ma bonne madame Lambert ; mes heures sont comptées, il est vrai, mais Dieu m'accordera, je l'espère, de vivre encore assez pour accomplir un devoir.

En prononçant ces paroles énigmatiques, Catherine posa une main glacée sur la main de la Bonne-Femme, comme pour la faire douter encore de la réalité de son existence. Mais Suzanne avait recouvré sa présence d'esprit, et elle reprit d'un air de confusion :

— Comment ne pas perdre la raison, Catherine, quand je vous trouve ici, loin de votre demeure, exposée au froid de la nuit, vous que je croyais gisante sur un lit de douleur ?

— Suzanne, n'avez-vous pas dit vous-même que dans les maladies comme la mienne on mourait debout ?...

— Mais pourquoi venir au-devant de moi, puisque je devais me trouver chez vous à l'heure indiquée ?

— Non, non, pas chez moi, Suzanne ; il y aurait trop de danger pour vous... J'ai un asile plus sûr... Suivez-moi.

— Mais où donc, Catherine ? demanda la Bonne-Femme avec étonnement.

— Vous allez le voir, venez, venez...

La malade passa son bras sous celui de Suzanne, et elle l'entraîna vers la grand'route. Madame Lambert se laissait conduire machinalement ; tout ce qui arrivait lui semblait incroyable, surnaturel, et elle se prenait à penser qu'elle était en proie à une hallucination. Catherine, d'une faiblesse extrême, avait peine à se soutenir ; cependant elle paraissait jouir pleinement de ses facultés intellectuelles et obéir à un plan arrêté d'avance.

Elles n'allèrent pas loin ; bientôt elles s'arrêtèrent devant ces pauvres maisons qui bordaient la grand'route et formaient un misérable hameau, à l'extrémité duquel était l'habitation de Ravinot. Catherine, poussant la porte de l'une d'elles, fit entrer Suzanne dans une petite chambre éclairée par une lampe fumeuse.

La Bonne-Femme, au comble de la surprise, examina rapidement la pièce où elle avait été introduite d'une manière si extraordinaire. Les meubles en étaient vieux et grossiers, les murailles nues et délabrées. Quelques ouvrages à l'aiguille, disposés sur une petite table à côté de la fenêtre, témoignaient que ce réduit était habité d'ordinaire par une femme ; mais il n'y avait en ce moment personne que Suzanne et la malade, et on semblait leur en avoir abandonné pour un temps la libre disposition.

La Bonne-Femme se tourna vers sa compagne pour lui demander l'explication de ces mystères ; elle fut effrayée à la vue de Catherine Ravinot. On eût dit d'un spectre qu'un pouvoir surnaturel avait forcé de quitter sa dernière demeure. Son visage était d'une blancheur de cire, ses yeux étaient ternes et vitrés ; ses vêtements blancs et flottants ajoutaient encore à l'illusion. Cependant un sentiment énergique avait galvanisé cette organisation menacée d'une dissolution prochaine. Catherine ne montrait aucune hésitation ; ses gestes étaient vifs et saccadés ; elle avait hâte d'agir, de crainte que d'un moment à l'autre, la force venant à lui manquer, elle ne fût obligée de laisser son œuvre inachevée.

En entrant dans cette modeste chambre elle était tombée épuisée sur un vieux fauteuil, sans doute la place favorite de la propriétaire. La Bonne-Femme parut enfin reconnaître dans quel endroit elle se trouvait, et, voyant Catherine un peu remise, elle lui demanda avec douceur :

— Ne me trompé-je pas, ma bonne Catherine ? nous sommes ici chez Fanchette la ravaudeuse... Je suis surprise de n'avoir pas reconnu plus tôt la maison.

— Oui, oui, murmura Catherine, nous sommes chez Fauchette... Lorsqu'elle va travailler loin de chez elle, comme aujourd'hui, elle me confie sa clef à garder... c'est ce qui m'a donné la pensée de vous conduire ici.

— Mais, encore une fois, Catherine, si vous aviez quelque chose à me dire, pourquoi ne pas m'attendre chez vous ?

— Non, non, interrompit la malade avec égarement, il eût pu vous y rencontrer, et peut-être... Suzanne, Suzanne, continua-t-elle d'un ton pénétrant, j'acquitte aujourd'hui vis-à-vis de vous la dette que j'ai contractée envers vous... Vous avez été bonne pour moi, vous m'avez montré de la pitié quand tout le monde me fuyait, vous avez bravé pour me secourir la fureur aveugle de mon mari, en ce moment je vous sauve la vie...

Ces paroles étranges, prononcées d'une voix entrecoupée, confirmèrent la Bonne-Femme dans la pensée que Catherine avait le délire de la fièvre. Pour s'en assurer, elle glissa sans affectation ses doigts sur le pouls de la malade et elle en étudia avec soin les battements. Malgré son sang-froid ordinaire, elle ne put retenir un mouvement d'épouvante; le sang ne circulait plus qu'avec une extrême lenteur sous cette épiderme diaphane.

— Catherine, s'écria-t-elle, vous ne devriez pas être ici! Cette marche, cet air frais de la nuit, ces inquiétudes inexplicables ont empiré votre mal, et je crains...

— Ne vous occupez pas de moi, dit la pauvre femme, pendant qu'un faible sourire illuminait son visage livide, il me reste peu de choses à faire, et le temps ne me manquera pas, je l'espère!

Elle se leva par un effort surhumain, et, avant que Suzanne eût deviné son intention, elle se prosterna aux genoux de la Bonne-Femme en lui disant avec un accent suppliant :

— Grâce, madame, grâce et pardon pour lui!... Je vous le demande en mon nom, au nom de mes enfants!

— Pourquoi me demandez-vous grâce, Catherine? vous ne m'avez point offensée... Je vous en supplie, relevez-vous; on ne se prosterne ainsi que devant Dieu.

— Et cependant, Suzanne, je ne me relèverai pas si vous ne me promettez d'épargner un malheureux qui a projeté un crime abominable!

— Je suis habituée à pardonner à mes ennemis, Catherine, et je n'ai pas de peine à vous accorder votre demande... Mais, à mon tour, je vous en prie, quittez cette position gênante; elle ne fait que diminuer vos forces.

— Alors, je suis tranquille, dit la pauvre malade en se replaçant sur son siége avec l'aide de Suzanne, je sais ce que vaut une simple promesse de la Bonne-Femme de l'Oseraie, et je puis tout vous dire...

Elle fit une pause pour se recueillir.

— Suzanne, reprit-elle d'une voix sourde, cette nuit un homme devait s'introduire chez vous... il devait vous assassiner pendant votre sommeil... Puis, pour cacher son crime, il devait mettre le feu à la ferme de l'Oseraie... C'est pour vous sauver que je vous ai fait venir ici, à cette heure... Vous allez rester avec moi toute la nuit. Celui dont je vous parle ne vous trouvera pas, il ne pourra accomplir son projet... Qu'importe si demain il apprend que je vous ai soustraite à sa haine; je serai morte et je ne craindrai plus sa colère!

En écoutant cette épouvantable révélation, Suzanne ne donna aucun signe de terreur; ses traits ne changèrent pas, et, par un sentiment de délicatesse exquise, elle ne voulut pas même demander le nom du coupable.

— Catherine, dit-elle d'une voix pleine de bienveillance, je comprends maintenant votre conduite; je comprends pourquoi, dans le moment redoutable où vous allez paraître devant Dieu, vous avez forcé la nature... Aussi je vous renouvelle la promesse de faire tous mes efforts pour protéger ce malheureux contre la justice humaine si elle étend sur lui sa terrible main... Seulement, par pitié, ajouta-t-elle avec chaleur en se levant, dites-moi si mon fils, si Denis court en ce moment quelque danger?

— Je ne le crois pas, Suzanne, répliqua la femme de Ravinot avec empressement; on n'oserait pas peut-être s'en prendre à Denis..... D'ailleurs, c'est particulièrement vous qui êtes menacée, car c'est vous seule que l'on craint.

— Moi! je n'ai fait de mal à personne...

— Accordez-moi un moment d'attention, reprit Catherine d'une voix éteinte, et puisse Dieu me donner la force de vous apprendre ce qu'il est important pour vous de savoir... Le malheureux dont je suis la femme n'est pas le principal coupable : il est seulement l'instrument d'un autre plus lâche et plus cruel : je veux parler du maître de l'Oseraie... J'avais conservé à ce Grandchamp une vive reconnaissance pour les soins, bien inutiles cependant, qu'il m'avait fait donner; je m'étais habituée à le considérer comme un bienfaiteur... Il vint hier à la maison, j'ignore sous quel prétexte. Vous savez que depuis quelque temps j'éprouve de longs et fréquents évanouissements, signes certains de ma mort prochaine : j'étais évanouie quand il entra. Ni lui ni Ravinot ne pensaient à moi; peut-être m'avait-on cru morte, car on avait déjà jeté le drap sur mon visage... Quand je repris mes sens, le bruit de leurs voix n'était qu'un sourd bourdonnement à mes oreilles, mais les paroles devinrent plus distinctes à mesure que ma raison se réveillait, et j'entendis sans le vouloir leur conversation. Ravinot parlait en ce moment d'un jeune homme de la ville qu'il avait rencontré ici déguisé en paysan; Grandchamp l'accablait de questions sur cette personne.

« Et je ne puis rien contre eux, s'écriait-il avec fureur, tant que cette vieille femme hypocrite me tiendra ainsi en sa puissance! et je ne puis écraser mes ennemis sans courir le risque d'attirer sur moi la vengeance de cette impitoyable créature!

« Je ne pouvais croire d'abord que ce fût de vous qu'on parlât ainsi, ma bonne madame Lambert; mais la suite de la conversation ne me laissa aucun doute à cet égard.

« — Eh bien! maître, répliqua l'autre, il faut en finir... je vous aiderai, si vous voulez être raisonnable.

« — Je t'accorderai tout ce que tu demanderas... ma fortune s'il le faut, mais délivre-moi de cette insupportable tyrannie.

« — Vous savez, maître, quelles sont mes conditions?

« On parla alors d'un acte que Ravinot avait déjà sollicité et que le maître de l'Oseraie n'avait pas voulu donner ; mais cette fois il ne le balança pas. Ravinot apporta une de ces feuilles timbrées, dont il a toujours provision, et j'entendis le grincement d'une plume sur le papier.

« Ne m'en demandez pas davantage, ma chère bienfaitrice ; je ne saurais répéter les détails de cet infernal complot... Je compris qu'il était question de meurtre et d'incendie, quoiqu'ils s'exprimassent à mots couverts, et, si je n'avais pas été d'une faiblesse excessive, je n'aurais pu m'empêcher de pousser des cris d'horreur. Grandchamp parlait le moins, mais ce qu'il disait faisait frémir... Enfin ils se séparèrent ; tout avait été convenu, seulement le jour de l'exécution était encore incertain. Ce matin Ravinot m'a annoncé qu'il allait à Traville pour une affaire et qu'il comptait demander un lit à son ami Taboureau, un vieux plaideur de ce village. J'ai deviné que c'était pour cette nuit, ce voyage devant avoir pour but de détourner les soupçons après le crime. Alors j'ai prié Fanchette de vous inviter à venir me voir. J'étais sûre que Ravinot ne pouvait vous rencontrer en chemin, car il doit partir à dix heures de Traville, par des chemins peu fréquentés, afin de faire croire qu'il n'a pas quitté de la nuit la maison de Taboureau... Pour comble de précaution, j'ai surmonté ma faiblesse et je suis allée au-devant de vous jusqu'à l'avenue... et maintenant vous savez tout; mais, de grâce, Suzanne, répétez-moi que vous aurez indulgence et pitié pour le père de mes pauvres enfants!

— Je le promets, je le promets, dit précipitamment madame Lambert en se levant, mais votre récit rien ne me prouve que Denis est à l'abri de tout danger. Si ce misérable... (excusez-moi, Catherine, mais la vérité m'entraîne), si l'on mettait le feu à la ferme et si mon fils était enveloppé par les flammes pendant son sommeil !... Je suis mère aussi, Catherine, et je dois veiller sur les jours de mon fils! D'ailleurs, je veux donner l'alarme à l'Oseraie, afin qu'on se tienne sur ses gardes. Je vous promets de ne pas accuser votre mari, mais il faut que j'empêche adroitement le crime de s'accomplir. Je pars, je pars à l'instant... Adieu, ma pauvre Catherine; je désirerais rester près de vous pour vous secourir, vous consoler, mais un devoir impérieux m'appelle chez moi !

Catherine sembla recouvrer un instant ses forces épuisées. Elle se jeta au-devant de la Bonne-Femme, et se suspendant à son cou, elle lui dit d'une voix suppliante :

— Non, non, ne sortez pas... Je vous l'affirme, Suzanne, vous seule êtes menacée! Oh! par pitié, restez! croyez-en ma parole, votre fils n'a rien à craindre.

Cette assurance ne peut me suffire, dit la Bonne-Femme avec fermeté, ma vie à moi n'est rien : je suis vieille et je dois être prête à mourir... Mais lui, mon brave fils, mon généreux Denis!... Laissez, laissez-moi passer, Catherine ; rien au monde ne pourrait m'empêcher d'aller m'assurer par moi-même que Denis est en sûreté.

Elle écarta doucement la malade ; celle-ci, anéantie par ces derniers efforts, retomba presque évanouie à la place qu'elle venait de quitter. Suzanne, après l'avoir convenablement établie dans le fauteuil, allait s'éloigner, lorsque le roulement d'une voiture frappa son oreille:

XV

L'ENLÈVEMENT.

Une circonstance particulière attira surtout l'attention de Suzanne. Le bruit ne semblait pas venir de la grand'route, mais de l'avenue de l'Oseraie ; et quoiqu'on avançât avec précaution, elle distinguait parfaitement le grincement des roues et les pas des chevaux dans cette direction.

Soit curiosité, soit pressentiment, elle s'empressa de déverrouiller la porte ; mais cette opération entraînait quelque lenteur en raison de son inexpérience des êtres. Au moment où la Bonne-Femme désespérait d'arriver à temps, une voix d'homme se fit entendre au dehors; on disait sur un ton assez élevé où perçait une grande inquiétude :

— Arrêtez, au nom de Dieu ! je vois de la lumière dans cette maison, peut-être trouvera-t-on ici quelque secours !

La voiture resta immobile et on frappa avec violence.

Suzanne venait enfin de faire jouer une targette que son agitation l'avait empêchée de remarquer plus tôt, et la porte s'ouvrit.

L'obscurité était profonde au dehors ; cependant la Bonne-Femme put s'assurer que la voiture, arrêtée à quelques pas de la maison, était une chaise de poste attelée de deux chevaux, le postillon en selle. Le marchepied était abaissé, on entrevoyait vaguement dans l'intérieur une personne à demi-couchée sur les coussins ; mais Suzanne fut obligée de reporter aussitôt son attention sur le personnage qui venait de frapper.

Un grand manteau cachait son costume et une partie de son visage. Une casquette de voyage était enfoncée sur ses yeux ; lors même que la nuit n'aurait pas été aussi noire, il eût été impossible à la Bonne-Femme de juger d'après son extérieur qui il pouvait être. Du reste, si elle examina l'étranger avec soin, l'étranger de son côté parut désireux de voir à qui il avait affaire. Mais Suzanne, protégée par l'ombre de la maison, offrait encore moins de prise que lui-même à la curiosité. Aussi, sans perdre de temps en observations, il demanda d'une voix ou déguisée par l'interposition de son manteau ou altérée par l'émotion :

— De grâce, madame, ne sauriez-vous donner quelques secours à une voyageuse qui vient de tomber en faiblesse et dont l'état est des plus alarmants ?

Suzanne ne répondit pas. Le son de cette voix n'était pas nouveau pour elle. L'étranger laissa échapper un signe d'impatience.

—M'entendez-vous, madame? reprit-il avec vivacité, ou bien parlé-je une langue inconnue?... Je vous demande si vous ne pouvez apporter un verre d'eau fraîche à une dame qui se trouve mal... Je suis disposé, ajouta-t-il, à récompenser généreusement vos services.

— Je n'ai pas besoin de récompense, monsieur Alfred Duclerc, dit la Bonne-Femme avec dignité. Laissez-moi voir cette dame, je pourrai peut-être la secourir, car je soupçonne déjà la cause de son mal...

Et elle voulut écarter l'homme au manteau pour se diriger vers la voiture.

Alfred Duclerc, car c'était lui, resta pétrifié en trouvant dans la personne à laquelle il venait de s'adresser la femme qu'il désirait peut-être le moins rencontrer dans ce moment de crise. Mais il se remit promptement, et comme Suzanne cherchait à forcer le passage, il la saisit par le bras, en lui disant d'une voix sourde :

— Vous, madame Lambert? Est-ce le hasard ou une infernale fatalité qui vous place encore sur mon chemin ?

— C'est la Providence, monsieur, pour vous épargner un crime et à votre complice un remords... Laissez-moi aller, continua-t-elle en essayant de se dégager : laissez-moi approcher de cette femme qui souffre...

— Ne vous occupez d'elle ni de rien de ce qui me touche, dit Alfred en la retenant avec plus de force ; croyez-moi, madame Lambert, ne vous jetez pas à la traverse de mes projets... Celle qui est là m'appartient par des liens plus forts que tous ceux imaginés par les moralistes et les sociétés... Vous êtes une femme supérieure à votre sexe, à votre condition ; vous comprendrez aisément qu'il est de ces sentiments et de ces actions qu'on ne doit pas mesurer à la mesure commune... Laissez nos destinées s'accomplir, vous dis-je ! et ne m'obligez pas à vous mettre hors d'état de lutter contre elles...

— Les menaces ne m'ont jamais fait peur, répliqua la Bonne-Femme avec véhémence, et je suis insensible aux flatteries... Livrez-moi passage, monsieur ; j'ai des droits sur cette faible créature comme sur ma propre fille ; il faut qu'elle m'entende, il faut...

— Vous ne la verrez pas !

— Seriez-vous assez lâche pour employer la force contre une vieille femme ?

— Je le serai.

Il se débarrassa brusquement de son manteau, et saisissant Suzanne avec vigueur, il voulut l'emporter dans la maison. Madame Lambert était trop faible pour résister, mais en se sentant enlever de terre, elle s'écria d'une voix éclatante :

— Adélaïde, mon enfant bien-aimée, c'est moi... c'est votre pauvre Suzanne qu'on empêche d'arriver jusqu'à vous !

Ces cris perçants changèrent la détermination d'Alfred ; il lâcha sa prisonnière, sans toutefois lui laisser la liberté de courir à la voiture, et il lui dit d'un ton pénétrant :

— Imprudente ! taisez-vous... voulez-vous donc éveiller les voisins et instruire cet homme (il désignait le postillon) de ce qu'il ne doit pas savoir ? Songez au scandale, et...

— Qu'importe le scandale, pourvu que ce rapt abominable ne s'accomplisse pas?

Et elle cria encore :

— Adélaïde ! Adélaïde !

Cette fois une voix faible et gémissante lui répondit du fond de la voiture.

— Qui m'appelle? disait-on ; ou suis-je, bon Dieu ! Tout ceci est-il bien possible ?

Duclerc voulut mettre la main sur la bouche de madame Lambert ; mais elle résista et elle reprit avec plus de force :

— C'est moi, ma chère Adélaïde ; c'est votre amie, c'est l'amie de votre bonne mère !

— Suzanne ! répéta-t-on avec un accent animé.

— Une femme enveloppée d'une pelisse de soie noire, tête nue, les cheveux en désordre, s'élança de la voiture. Les efforts de Duclerc devenaient inutiles ; il laissa aller madame Lambert en proférant une malédiction, et Adélaïde vint tomber dans les bras de sa vieille confidente.

Madame Grandchamp était dans une espèce de délire, car une fièvre violente la dévorait. Ses paroles étaient incohérentes et sans suite; elle enlaçait la Bonne-Femme dans ses bras avec frénésie.

— Suzanne, s'écria-t-elle, vous arrivez à temps... c'est Dieu qui vous envoie... je vous ai trahie.... j'avais peur de vous... On m'avait arraché la promesse de ne plus vous voir, de ne plus vous confier mes secrets... Mais non, continua-t-elle en posant la main sur ses yeux, cette voiture, cette fuite nocturne, cette obscurité, tout cela n'existe pas, je rêve, je suis folle!... Suzanne, que j'entende votre voix, cela me fera du bien, cela calmera mes terreurs!... Ô mon Dieu! j'ai perdu la raison!

— Pauvre petite! murmura la Bonne-Femme, c'est une affreuse réalité!

— Non, non, ne dites pas cela, s'écria Adélaïde sans se découvrir les yeux, je ne veux plus rien, je ne crois plus rien, je me fie à vous... veillez sur moi, protégez-moi; vous pouvez tout. Par pitié, faites que ce rêve ne dure pas longtemps, car j'en mourrais!

Suzanne sentit que, dans l'état d'esprit où était Adélaïde, il lui serait facile de ressaisir son influence ordinaire sur son élève.

— Eh bien, oui, dit-elle avec chaleur, je viendrai à votre secours, puisque vous me le demandez... Vous êtes sortie du château à l'insu de tout le monde, vous pourrez y rentrer de même... Suivez-moi, Adélaïde; revenez à cette demeure que vous n'eussiez pas dû quitter... Si la force vous manque pendant ce trajet, eh bien, votre vieille amie se trouvera encore assez forte pour vous emporter dans ses bras!

— Pas d'enfantillages! s'écria Duclerc; madame Lambert, nous ne nous sommes pas déterminés à une pareille démarche sans avoir mûrement réfléchi, sans avoir des raisons impérieuses pour en venir à cette extrémité... N'abusez donc pas de l'irrésolution momentanée, du trouble d'Adélaïde; elle se repentirait demain d'avoir cédé à vos instances, et puisqu'elle est enfin remise de son évanouissement...

— Vous ne l'aurez pas! dit la Bonne-Femme avec énergie en pressant Adélaïde sur son cœur.

— Encore une fois, madame, mettez fin à cette scène ridicule! Si votre rigorisme condamne une action peut-être coupable en elle-même, vous pouvez apprécier les circonstances particulières qui l'excusent. Vous aimez Adélaïde véritablement; si cela est, n'aurez-vous aucune pitié pour ses souffrances? Voulez-vous donc qu'elle meure à la peine? L'existence lui est devenue insupportable près d'un homme qu'elle méprise et qu'elle hait; doit-elle, pour satisfaire à certaines règles puériles dont vous l'entretenez sans cesse, accepter sans protestation la plus épouvantable destinée qui ait jamais été faite à une femme?

— Paix! mauvais génie, interrompit madame Lambert avec autorité; osez-vous donc répéter devant moi les odieuses maximes avec lesquelles vous avez perverti son cœur! Elle était résignée, et vous l'avez rendue rebelle; elle était pieuse, et vous l'avez rendue impie... Vous avez détruit en quelques heures le travail de vingt années de conseils, de soins, de précautions... Paix, vous dis-je, elle ne veut plus vous entendre, elle se repent de vous avoir écouté.

Cette résistance avait porté au comble l'exaspération de Duclerc.

— Et qui donc êtes-vous, madame, demanda-t-il d'un ton irrité, pour parler avec tant de confiance? Qu'êtes-vous pour Adélaïde et de quel droit venez-vous lui imposer vos avis?

— Ce que je suis pour elle? répéta la Bonne-Femme d'un ton solennel, je suis sa *conscience*, je suis son *devoir*, je suis la voix qui lui crie: « Arrière! » lorsqu'elle va se précipiter imprudemment dans un abîme... vous êtes le démon qui la pousse vers le gouffre.

Alfred allait répondre; mais, sans lui en laisser le temps, Suzanne continua en s'adressant avec une tendresse caressante à madame Grandchamp:

— Parlez, mon enfant; sortez de ce morne accablement, il ne convient pas à un moment aussi solennel! joignez votre voix à la mienne... Dites à cet homme égoïste que vous reniez le coupable projet dont vous aviez osé accepter la complicité... dites-lui que vous ne voulez plus vous déshonorer aux yeux du monde, abandonner votre enfant, déserter le toit conjugal; dites-lui que dès les premiers pas le crime vous fait peur et que vous rebroussez chemin...

— Suzanne, murmura madame Grandchamp, si vous voulez que je vous suive, parlez-moi de mon fils, de mon pauvre enfant... il me tendait ses petits bras au moment où je croyais l'embrasser pour la dernière fois!... Oui, oui, vous avez raison, Suzanne, partons, je dois retourner près de mon fils!

Elle tiraillait la Bonne-Femme avec une vivacité nerveuse et elle essayait de l'entraîner du côté de l'avenue. Alfred se plaça hardiment devant elle:

— Vous voulez revoir votre fils! reprit-il avec une mordante ironie; mais oubliez-vous quel est son père?... Vous retrouverez près du berceau l'assassin de votre frère Gustave!

Adélaïde poussa un gémissement et agita la main comme pour demander grâce. En entendant cette étrange révélation, madame Lambert tressaillit, elle murmura faiblement:

— Mon Dieu, que dit-il?

Duclerc comprit quelle vive et profonde impression il avait produit.

— Oui, continua-t-il en s'adressant toujours à Adélaïde, l'assassin de Gustave, de ce frère que vous avez tant aimé! Vous allez reprendre auprès de lui votre rôle d'épouse tendre et respectueuse; vous allez continuer à soulager les maux dont le remords, la peur d'être découvert sont la seule cause; vous allez encore avoir à lui sourire, à recevoir et à lui rendre ses caresses...

— Taisez-vous, taisez-vous! éclata tout à coup Adélaïde avec violence, je maudirais Dieu et les hommes, je foulerais aux pieds l'honneur, l'amitié, le devoir, plutôt que de supporter un seul instant ces tortures... Mais parlez, Suzanne, ajouta-t-elle d'un ton suppliant en joignant les mains, démentez cette indigne calomnie! Vous entendez ce qu'il ose dire?... Avec cet épouvantable soupçon il m'a rendue folle, il m'a décidée à tout abandonner pour le suivre. Répondez à cette accusation, je vous en prie, je vous l'ordonne... Répondez, car vous savez la vé ité... s'il a menti, je le repousserai comme un infâme calomniateur!

L'obscurité empêchait de voir les traits de madame Lambert; mais on jugeait au tremblement de tout son corps qu'elle souffrait une mortelle torture.

— Et qui a pu lui inspirer un semblable soupçon? dit-elle d'une voix sourde.

— Nierez-vous, madame Lambert? reprit Duclerc avec fermeté; oserez-vous disculper Grandchamp de cette action abominable? Quant à moi, je l'affirme... cet homme est coupable du meurtre de son ami! Je l'avais vu lâche et traître pendant notre enfance, mais cette lâcheté même me faisait penser d'abord qu'il reculerait devant un assassinat; et encore aujourd'hui je suppose qu'une occasion favorable ou la certitude de l'impunité ont pu seules le pousser à cette extrémité. Madame Lambert, lorsque votre fils Denis me conta avec sa franchise loyale, les circonstances connues de la mort de Gustave, je n'élevai aucun doute sur le dévouement de Grandchamp; je me fusse méprisé moi-même de le faire. Aussi vous souvenez-vous peut-être combien ma conduite fut généreuse; j'étais décidé à ne pas revoir mon ancienne fiancée, lorsque le hasard nous réunit dans la chapelle du marais... Vous savez ce qui s'y passa après votre départ et comment, à la suite d'une lutte désespérée avec Denis, je courus au château prévenir mon rival que l'on voulait attenter à ses jours.

« Votre intervention inexplicable au moment où votre fils semblait perdu, jeta dans mon esprit le premier germe du doute; cependant, Adélaïde peut vous le

De grâce, madame ne s'auriez-vous donner quelques secours à un voyageur qui vient de tomber en faiblesse.
— Page 46, col. 1re.

dire, dans nos entrevues, dont je sais qu'elle vous a révélé le secret, je ne lui ai jamais rien laissé entrevoir de mes soupçons prématurés ; je haïssais Grandchamp, mais je me serais fait un crime de le diffamer. Enfin, à mon retour ici, il y a quelques jours, j'ai résolu d'approfondir avec soin un événement sur lequel j'avais seulement des données vagues et incertaines.

« J'ai questionné, j'ai réuni tous les détails possibles sur cette terrible catastrophe, et j'ai appris que du haut d'une colline, voisine de la Mollière, vous aviez pu voir le lugubre événement. En rapprochant cette circonstance de votre haine pour Grandchamp, de votre désespoir après le mariage d'Adélaïde, du pouvoir extraordinaire que vous exercez sur lui depuis l'attentat de Denis, je suis arrivé à une complète certitude... Oui, vous avez vu votre maître commettre un crime... mais par un motif de charité chrétienne ou par un autre motif, vous n'avez révélé jusqu'ici ce secret à personne... Peu à peu mes soupçons se sont fortifiés, et alors je n'ai plus hésité à les confier à Adélaïde. De ce moment elle a connu les causes de cette répulsion invincible qu'elle éprouvait pour l'homme auquel son sort est lié ; elle s'est expliquée la conduite bizarre, énigmatique de son indigne époux ; elle s'est souvenue enfin qu'elle m'appartenait avant qu'un crime abominable vînt nous séparer... Voilà la vérité ; et maintenant, qui osera trouver cette pauvre femme inexcusable d'avoir fui de l'Oseraie? qui osera dire qu'elle doit retourner près de l'assassin de son frère ?

Suzanne, le premier moment de saisissement passé, avait écouté avec calme l'accusation terrible portée contre Grandchamp. Sa voix avait repris son timbre accoutumé lorsqu'elle demanda froidement :

— Ainsi donc, monsieur, sur des suppositions peut-être mal fondées, vous avez jeté le trouble dans le cœur d'une femme faible et crédule ? et vous, Adélaïde, sur un soupçon injuste peut-être, vous avez joué imprudemment votre existence ?

— Des suppositions, des soupçons injustes ! répéta Duclerc avec véhémence ; n'y a-t-il que cela, madame Lambert? Eh bien ! je vous prouverai combien j'ai foi dans cette austérité de principes que tout le monde admire en vous ; jurez solennellement devant Dieu, devant Adélaïde, devant moi, que Grandchamp n'est point coupable!... La circonstance est grave ; il s'agit du sort d'Adélaïde et du mien, du sort de ce misérable lui-même... Un serment pareil ne peut donc être entaché de frivolité... Jurez qu'à votre connaissance Charles Grandchamp n'a pas participé à la mort de son ami, et je vous croirai aussitôt, je ramènerai moi-même Adélaïde au château de l'Oseraie, je consentirai à ne la revoir jamais...

Suzanne resta silencieuse.

— Parlez, Suzanne, parlez ! s'écria madame Grandchamp à son tour, je n'eusse jamais osé affronter les malheurs dont vous me menacez, et dont ma conscience m'avait menacée avant vous ; mais l'horreur que m'inspirait mon mari, après cette révélation, l'a emporté sur toute autre considération... Dites qu'il est innocent, qu'on l'a calomnié, qu'il n'est pas l'auteur de la mort de mon frère chéri, et je retourne à lui... Le remords de l'avoir soupçonné, de l'avoir trahi me rendra plus tendre, plus affectueuse, plus dévouée pour lui, qu'au temps où je croyais devoir exalter sa générosité, admirer son héroïsme !

— Rien au monde, madame, reprit Suzanne avec fermeté, ne pourrait excuser votre coupable démarche... Sachez-le bien : lors même que cet homme aurait commis le meurtre dont vous le soupçonnez, vous ne sauriez être dégagée tout à coup de vos devoirs de chrétienne, de vos devoirs d'épouse et de mère... Du mo-

Et il se mit à courir en poussant des cris. — Page 54, col. 1re.

ment qu'un prêtre a eu joint sa main à la vôtre au pied des autels, vous lui avez appartenu sans conditions... Pour vous, il ne saurait être criminel. Les autres le condamneront, mais vous seule vous ne pourrez être son juge... vous resterez sa compagne et sa servante! La loi divine est inflexible, Adélaïde; quelles que soient les fautes de celui à qui vous vous êtes donnée, vous ne pouvez l'abandonner sans être criminelle !

Ce langage imposant, dans la bouche de madame Lambert, de ce martyre de la foi conjugale, avait une autorité particulière ; cependant Adélaïde, en l'écoutant, donnait des marques fréquentes d'impatience. Dès que la Bonne-Femme eut cessé de parler, Duclerc s'écria d'un ton triomphant :

— Elle n'a pas nié, Adélaïde, elle n'a pas osé nier ! L'avez-vous entendue? vous ai-je abusée par des mensonges ? Plus de doute, maintenant ! nous avons été trompés l'un et l'autre par la perversité d'un scélérat, et je puis réclamer sur vous des droits sacrés... à moins, continua-t-il avec une amère ironie, que vous ne veuilliez accepter le supplice affreux auquel madame Lambert vous défend de vous soustraire !

— Non ! non ! s'écria la jeune femme, je ne reverrai jamais l'assassin de mon frère ; j'aime mieux mourir! les plus horribles tortures me semblent préférables à l'existence que je mènerais près de lui !

— S'il en est ainsi, Adélaïde, reprit Suzanne en soupirant, si réellement votre aversion pour cet homme vous rend sa présence insupportable, n'avez-vous donc d'autre parti à prendre que celui de suivre un ravisseur, au risque du scandale et du déshonneur? Puisqu'il le faut, puisque cette déplorable extrémité est devenue indispensable, éloignez-vous de votre mari, j'y consens; mais du moins conciliez cet éloignement avec votre devoir, avec les convenances... Adélaïde, depuis votre enfance, je suis votre tutrice, votre amie; je suis déjà presque une mère pour vous, pourquoi ne chercheriez-vous pas un asile près de moi dans votre affliction? En agissant ainsi, vous ne cesseriez pas de mériter l'estime des autres et de vous-même... Mon enfant, venez à la ferme, vous y serez traitée comme une fille chérie, respectée comme une maîtresse ; et si, abusant des droits imprescriptibles du mariage, l'on osait y troubler votre repos, vous savez bien que nous aurions des moyens sûrs d'imposer silence au persécuteur!

Ce dernier parti était sage. Adélaïde, dont l'esprit, naturellement irrésolu, était devenu plus faible encore au milieu de tant d'angoisses, allait céder peut-être à l'ascendant ordinaire de sa vieille confidente; cependant, elle balançait encore entre le devoir et son amour pour Duclerc.

On n'a pas oublié que cette scène se passait sur la grand'route, au milieu d'une obscurité profonde, en face de la petite maison où Catherine Ravinot avait introduit madame Lambert.

Depuis quelques instants une lueur rougeâtre s'était répandue dans l'atmosphère. Cette lueur devenait plus intense quand le vent cessait par intervalles ; on eût pu alors la prendre pour les premiers effets du jour naissant, si sa teinte pourprée ne l'eût fait ressembler plutôt à ce phénomène, si rare en Europe, qu'on appelle aurore boréale. Sans se rendre compte encore de la cause d'un pareil phénomène, la Bonne-Femme jeta un regard effrayé autour d'elle, et elle reprit, comme frappée d'un poignant souvenir :

— Adélaïde, de grâce, hâtez-vous de me suivre ; vous ne pouvez comprendre de quel prix est pour moi chaque minute qui s'écoule... Le soin de votre repos et de votre honneur m'a fait oublier des choses que, dans aucune circonstance de ma vie, je ne me pardonnerais d'avoir oubliées... Adélaïde, j'ai toujours sacrifié les intérêts de ma famille et les miens à la famille de Saint-Chaumont ; mais, croyez-moi, en prolongeant votre résistance, vous pouvez être cause des plus grands malheurs !... Je ne vous quitte plus ; ma vie, celle de tous les miens seraient-elles en danger, je n'abandonnerais pas la fille d'Élisabeth de Saint-Chaumont au milieu d'une si horrible crise... Venez donc, il n'y a pas de temps à perdre.

— Que dites-vous, Suzanne, balbutia madame Grandchamp ; vous semblez craindre encore quelque sinistre événement !

— Je n'ai pas le loisir de m'expliquer ; mais je vous prie, Adélaïde, au nom de votre mère, au nom de ce qu'il y a de plus sacré...

— Suzanne, s'écria tout à coup une voix lamentable du côté de la maison, votre fils est-il sauvé ?

La Bonne-Femme devint d'une pâleur livide. Catherine Ravinot s'était traînée sur le seuil de la porte ; elle étendait la main vers la cime des arbres pour montrer l'étrange clarté qui les illuminait en ce moment.

Un soupçon terrible vint déchirer le cœur de la Bonne-Femme.

— Catherine, dit-elle avec épouvante, ne m'avez-vous pas assuré que seule j'étais menacée ?

— J'ai pu me tromper... Je crains de ne pas vous en avoir dit assez..... Suzanne, regardez-là bas... je vous ai prévenue à temps pour sauver votre fils et épargner ce crime au coupable !

Les assistants se tournèrent vers la partie de l'horizon indiquée par la malade ; une langue de feu venait de jaillir du fond de la vallée, et brillait à travers les arbres. Il n'y avait plus à se tromper : cette lueur étrange qui éclairait la campagne depuis quelques instants provenait d'un immense incendie.

Suzanne poussa un cri ; sa fermeté stoïque ne tint pas contre l'incertitude que lui inspirait le sort de Denis.

— Oh ! mon Dieu, s'écria-t-elle, avez-vous réservé une si cruelle épreuve à mes derniers jours ? En cherchant à arrêter ma fille d'adoption sur le bord d'un précipice, j'ai compromis l'existence de mon fils bien-aimé, de mon pauvre Denis !

Catherine s'avança en chancelant ; ce n'était plus que l'ombre d'elle-même, et le vent en agitant ses vêtements blancs semblait devoir la renverser. Elle saisit madame Lambert par sa robe et elle lui dit d'un ton lugubre :

— Suzanne, que faisiez-vous ici ? Si mon misérable mari a commis un meurtre, n'est-ce pas vous qui l'aurez voulu ?

— Catherine, par pitié, ne m'accablez pas ! mon malheur est si grand ! j'ai tout perdu, peut-être !... Adélaïde, continua-t-elle, courons, courons... Oh ! mon Dieu, permettez que mes terreurs soient vaines !

Madame Grandchamp, ne comprenant pas bien encore de quoi il s'agissait, avait été frappée de terreur en voyant apparaître tout à coup cette femme blême, au visage cadavéreux, aux paroles mystérieuses et solennelles. Elle semblait enfin disposée à obéir sans résistance aux volontés de Suzanne ; Duclerc, qui s'était avancé vers l'avenue pour chercher l'explication des paroles incohérentes de la Bonne-Femme, accourut en s'écriant :

— La ferme de l'Oseraie est en feu !

Ces terribles paroles frappèrent Suzanne comme si elles lui eussent révélé un malheur inattendu.

— Oui, oui, répéta-t-elle avec un redoublement de désespoir, la ferme est en feu, mon fils a péri sans doute !... j'aurai causé la mort de mon pauvre Denis !

Mais au moment où elle achevait ces paroles, qui glacèrent de terreur Adélaïde et Duclerc, une voix forte se fit entendre derrière elle :

— La ferme de l'Oseraie en feu ! que le ciel nous protège !

En même temps un homme sortit de derrière une haie située à vingt pas environ de la maison ; c'était Denis lui-même.

— La Bonne-Femme fût tombée si Adélaïde ne l'eût pas soutenue ; un effort puissant de sa volonté l'empêcha seul de s'évanouir. Puis, tout à coup, repoussant ceux qui l'environnaient, elle s'élança vers le fermier, le saisit dans ses bras et le serra contre sa poitrine avec frénésie en s'écriant :

— Denis, mon fils, vous m'êtes donc rendu ? Dieu vous a donc sauvé ! Il a épargné cette douleur à ma vieillesse !

Lambert recevait avec distraction ces caresses.

— Ma mère, disait-il en cherchant à se dégager de ses étreintes, que signifie ceci ?... on parlait tout à l'heure d'un incendie à l'Oseraie !

— Mais l'austère Suzanne montrait en ce moment dans toute sa vérité cette âme ardente cachée d'ordinaire sous une enveloppe de glace.

— Qu'importe maintenant ! s'écria-t-elle en embrassant son fils à l'étouffer ; qu'importe le reste si vous êtes sauvé, Denis ! le reste n'est qu'un superflu ! j'ai mon fils... les biens de ce monde n'auront pas un regret de moi !

— Ainsi donc, murmura Catherine, tous ceux qu'il menaçait ont échappé à sa haine... je puis mourir en paix.

Cependant le fermier regardait à droite et à gauche avec anxiété ; soit que l'incendie se fût calmé, soit que le vent refoulât pour un moment la flamme dans son foyer, la clarté sinistre avait disparu en partie.

— Mais enfin, ma mère, reprit Denis un peu rassuré, expliquez-moi ce qui se passe ; je n'y comprends plus rien... Tout à l'heure, ne disait-on pas que le feu...

— Vous-même, Denis, interrompit la Bonne-Femme, comment vous trouvez-vous ici ? par quel heureux hasard vous êtes-vous échappé de la ferme ?

— Rien de plus simple, ma mère ; inquiet de vous voir sortir si tard, je vous ai suivie de loin ; je vous ai vue entrer chez la ravaudeuse avec Catherine et je me suis caché là, derrière le feuillage, en attendant qu'il vous plût de sortir... J'ai été témoin de votre entrevue avec notre maîtresse et M. Duclerc. Je serais accouru, si je n'avais eu peur que vous ne me reprochiez d'avoir épié vos actions ou d'avoir dérangé vos projets par une gaucherie... Cependant si l'on se fût porté contre vous à des violences sérieuses, j'étais là... Un moment, M. Duclerc vous a serré de trop près, et j'ai bien été sur le point de... Mais, par le ciel ! que vois-je là-bas ?

Les flammes se montraient de nouveau à travers les arbres, et cette fois elles jetaient une immense lumière dans toute la vallée.

— C'est donc vrai, s'écria Lambert en bondissant ; cette nouvelle terrible était donc réelle... et nous restons ici, et nous nous croisons les bras, quand l'incendie dévore nos propriétés, quand nos domestiques sont peut-être en danger de mort...

— Oui, oui, mon Dieu ! s'écria la Bonne-Femme en levant les yeux au ciel, je l'avais oublié... En vous voyant sain et sauf, Denis, je ne pensais pas que d'autres pouvaient être en danger... Eh bien ! partons, Denis ; à la ferme, bien vite ! Adieu, Catherine... Adélaïde, ne me quittez pas ; j'expliquerai votre absence ; d'ailleurs sans doute un grand désordre règne au château ; vous pourrez reparaître sans qu'on ait remarqué votre fuite... Vous, monsieur Duclerc, partez maintenant, partez ; votre présence n'est plus nécessaire ici et votre voiture attend...

— Non, dit Alfred avec fermeté, tout n'est pas dit encore avec madame Grandchamp et moi... si cependant elle me repousse en ce moment, Denis ne chassera pas un bon travailleur de plus qui ne craindra ni l'incendie ni le danger !

— Bien, merci, répliqua le fermier en serrant la main du jeune homme comme dans un étau, vous avez raison ; il doit y avoir de l'ouvrage là-bas... Mais pour Dieu ! hâtons-nous...

— Un instant encore, dit Catherine Ravinot d'un ton d'autorité et cependant d'une voix faible, en s'avançant au milieu des assistants ; ma conscience m'ordonne de faire un aveu... Probablement cet incendie ne coûtera la vie à personne, et j'en remercie le ciel! mais il faut que vous le sachiez tous, il a été allumé par l'ordre de Charles Grandchamp, le maître de l'Oseraie!

Ceux des assistants qui ignoraient encore cette circonstance poussèrent des cris d'horreur.

— Catherine, s'écria madame Lambert, oubliez-vous...

— Je n'oublie rien, Suzanne, dit la pauvre femme; mais votre charité a été imprudente, et je veux vous préserver de ses funestes effets... S'il y a un autre coupable, priez pour lui... et pour moi!

En même temps elle s'affaissa sur elle-même et tomba sur la poussière du chemin. On voulut la relever, elle était morte. La vie l'avait abandonnée aussitôt que la pensée qui la soutenait s'était éteinte.

— Pauvre femme! dit Lambert, mais nos soins et nos efforts ne peuvent plus rien pour elle... Partons, chaque minute vaut cent ans!

— Faut-il donc abandonner ce cadavre sur la voie publique, sans larmes et sans prières?

— Allons, je vois ce que vous voulez, ma mère; jamais devoir ne fut accompli en temps plus inopportun et plus malheureux!

Il prit le corps de Catherine dans ses bras et le transporta dans la chambre de la ravaudeuse, où brûlait toujours la lampe. Suzanne et Adélaïde le suivirent; toutes les deux s'agenouillèrent devant le lit sur lequel on avait déposé la morte.

— Bien, dit le fermier en essuyant une larme qui, en dépit de ses préoccupations, se montrait dans ses yeux à l'aspect de ce tableau funèbre, les choses sont ce qu'elles doivent être... Restez ici; vous nous rejoindrez plus tard... vous ne serviriez probablement pas à grand'chose là-bas, et vous ralentiriez notre marche... Adieu.

Et il sortit brusquement. A la porte il rencontra Duclerc, qui avait fait dételer les chevaux de la chaise de poste. Il était déjà sur l'un d'eux et il présenta l'autre à Denis.

— Brave jeune homme! dit le fermier, je vous revaudrai ce service, foi de Lambert!

Il sauta en selle; puis tous les deux, sans se rien dire, partirent au grand galop, au risque de se tuer en descendant l'avenue tortueuse de l'Oseraie.

XVI

L'INCENDIE.

Le même soir, pendant que les événements dont nous venons d'entretenir le lecteur se passaient près de la maison de Ravinot, Charles Grandchand se promenait à grands pas dans sa chambre, au château de l'Oseraie. Il avait congédié Jacques, son domestique de confiance; mais bien qu'il fût en robe de chambre, il était resté entièrement habillé par-dessous, prêt à paraître à la moindre alerte. Une veilleuse enfermée sous une coupe de verre dépoli, jetait dans la pièce une lueur trop faible pour être aperçue du dehors. A cette douteuse clarté on eût pu voir le maître du château aller et venir, le visage décomposé, les cheveux en désordre, l'œil égaré, comme une vivante personnification du crime.

Lorsqu'il supposa tout le monde endormi, il s'avança vers la fenêtre et l'ouvrit, après avoir pris toutefois la précaution de rabattre derrière lui un épais rideau de damas. Il se mit au balcon, la tête appuyée sur sa main.

De cette fenêtre on apercevait facilement en plein jour la ferme de l'Oseraie, mais, à cette heure avancée, tout était confondu dans l'obscurité. Cependant Grandchamp regarda longtemps dans cette direction avec une fixité singulière. Le vent soufflait autour de lui avec violence, car le château, comme nous l'avons dit, dominait la vallée. Au-dessous de lui les eaux du lac se heurtaient avec fracas, les roseaux faisaient entendre de longs gémissements, et les hauts peupliers se courbaient sous la rafale. Mais cette nuit sombre et tempétueuse était en harmonie avec ses pensées; il souriait au désordre bruyant de la nature, et quand le vent sifflait à ses oreilles, ses réflexions semblaient prendre une tournure moins sinistre.

Enfin, il se retira de la fenêtre et il alla voir l'heure à la pendule de la cheminée. Un nouveau sourire effleura ses lèvres; il revint prendre son poste sur le balcon.

— Je suis fou! murmura-t-il, il n'est pas temps encore, et cet homme doit suivre à la lettre mes instructions... J'aurais tort de m'alarmer; Ravinot est dur et sec comme un morceau de granit; je l'ai vu à l'œuvre; et du moment que son intérêt le pousse... Mais ai-je bien pris mes précautions avec ce misérable? Oui, oui; si plus tard des soupçons venaient à s'élever, ils tomberaient sur lui non sur moi; pourrait-on croire que le propriétaire de ce riche domaine aurait poussé la folie jusqu'à ordonner lui-même sa ruine?... Le coup est si hardi que je suis à l'abri du soupçon... Quant à cette promesse écrite, que prouverait-elle? Ravinot n'aurait pu l'inventer que pour s'accuser lui-même pour m'entraîner dans sa chute! Cependant, si jamais il se montrait dangereux... Voilà donc où j'en suis venu?... complice d'un infâme assassin!

Il passa la main sur son front comme pour calmer les idées qui fermentaient dans son cerveau. Puis il reprit d'une voix sourde:

— Il est donc vrai! je vais être libre! je vais être débarrassé de cette frayeur incessante qui ne me laissait ni paix ni trêve!... il le fallait à tout prix : je ne pouvais vivre sous l'horrible joug de cette femme!... Un mois encore de ce supplice, et j'étais perdu; mes médecins me l'avaient dit. C'était un duel à mort entre elle et moi!... Et tout cela pour un niais étourdi, qui m'avait irrité par ses sarcasmes continuels, qui s'était placé entre moi et l'objet de mes plus ardents désirs!... Je trouvai une occasion de me venger et d'atteindre mon but du même coup!... J'en profitai hardiment... Quelle inconcevable fatalité! Je croyais que nul autre que moi n'avait entendu ce cri déchirant poussé dans les dernières angoisses de la mort; que nul autre n'avait surpris ce regard étincelant fixé sur moi au moment où je rompis le faible lien de roseau qui soutenait l'imprudent au-dessus de l'abîme, et cette femme était là, dans ce lieu désert! elle l'avait vu me tendre les bras! elle avait recueilli ce cri terrible qui retentit encore à mon oreille!

Il s'arrêta en frissonnant.

— Allons! pas de faiblesse, continua-t-il après un moment de silence, je vais être enfin délivré de cette insupportable contrainte! Suzanne n'a confié son secret à personne, il périra avec elle... Alors, je ne serai plus obligé de trembler, de pâlir sans cesse; je redeviendrai maître ici, partout... Adélaïde ne m'aime plus, et peut-être est-elle bien près de me trahir!... Demain, je pourrai enfin lui demander compte de mes soupçons, et si elle a encouragé les poursuites de cet audacieux Duclerc, elle pleurera des larmes de sang! Patience! ce soir elle a refusé de me voir et elle s'est enfermée dans sa chambre; je n'ai pas insisté, je craignais que l'agitation de mon âme ne se montrât sur mon visage; mais demain, je serai libre, heureux, sans peur, et alors...

En ce moment, une flamme mobile et incertaine comme celle d'un feu follet, se montra du côté de la ferme; il devint attentif et retint son haleine. Cette flamme grandit rapidement, jaillit par diverses ouvertures, s'élança au-dessus de la masse sombre des bâtiments et illumina les champs, les marais, le lac et le château lui-même, semblable à un immense fanal.

— Enfin! murmura le maître de l'Oseraie avec une joie farouche, il a réussi... Je connaîtrai encore des jours heureux!

Il se tut tout à coup, on venait de frapper à la porte de sa chambre.

— Qu'est-ce, que me veut-on? demanda-t-il du ton de l'impatience en se réfugiant dans son alcôve.

— Monsieur, répondit le valet de chambre d'une voix altérée, excusez-moi de vous déranger si tard... mais j'ai absolument besoin de vous parler!
— Va-t-en au diable! s'écria Grandchamp en affectant la colère.

Cependant il eut l'air de se lever avec lenteur et il finit par aller ouvrir. Jacques entra, une bougie à la main; sa contenance trahissait à la fois l'inquiétude et l'embarras; il était pâle et tenait les yeux baissés.

— Eh bien, que me veux-tu? demanda Grandchamp du même ton.

— Monsieur, j'ai cru qu'il ne fallait pas tarder plus longtemps à vous faire part d'un événement inconcevable... personne n'osait vous le dire, mais...

— Allons, pas de préambules! interrompit Grandchamp, qui croyait connaître parfaitement la nouvelle dont il s'agissait.

— Eh bien, monsieur, je viens d'apprendre de Rosalie, la femme de chambre de madame...

— Quoi donc, enfin?

— Madame n'est pas dans son appartement... on ne sait ce qu'elle est devenue.

Grandchamp recula d'un pas; une profonde stupeur se peignit sur son visage.

— Cela ne peut pas être! s'écria-t-il.

Il arracha la bougie des mains du domestique et courut impétueusement à l'appartement d'Adélaïde. Une femme de chambre tout en larmes s'enfuit à sa vue, de crainte qu'on ne fît retomber sur elle la responsabilité de cette disparition.

Grandchamp tremblait comme la feuille en parcourant les deux ou trois pièces élégantes occupées habituellement par sa femme. Elles étaient désertes; les armoires ouvertes et bouleversées témoignaient de certains préparatifs de départ.

Le maître de l'Oseraie s'arrêta au milieu de la chambre à coucher, les dents serrées, l'œil fixe et hagard. Jacques se tenait à la porte, n'osant entrer et suivant avec anxiété les mouvements de son maître. Tout à coup Grandchamp tressaillit; il saisit convulsivement une lettre posée sur un guéridon en face de lui; cette lettre était à son adresse et écrite de la main d'Adélaïde.

Il rompit le cachet avec effort et il lut ce peu de mots:
« Tout est fini entre vous et la sœur de Gustave de
« Saint-Chaumont. Quelque coupable que je paraisse
« aux yeux du monde, je ne saurais mériter la haine et
« le mépris que vous avez mérités. »

On avait ajouté plus bas, d'une écriture tremblée et presque effacée par une larme. « Soyez meilleur père
« que vous n'avez été bon ami! »

La lettre lui échappa des mains.

— Elle sait tout! murmura-t-il.

Un mouvement du domestique lui apprit qu'on l'observait. Il se redressa vivement et s'élança vers Jacques avec frénésie.

— Misérable! s'écria-t-il en le saisissant à la gorge, pourquoi viens-tu espionner ton maître?

— Par grâce, monsieur, dit le pauvre domestique en se dégageant avec peine, ne vous emportez pas! Je n'avais aucune mauvaise intention; vous voyant si bouleversé et si souffrant...

— Je t'ai fait pitié, ajouta Grandchamp avec ironie; c'est juste! je suis un objet de compassion même pour ceux qui me servent!

Il se jeta sur un siège et garda un silence farouche. Jacques, debout devant lui, attendait avec anxiété, un ordre, une parole, un signe d'attention. A son grand étonnement, les traits de son maître parurent enfin se rasséréner; les paupières de Grandchamp s'abaissèrent sur ses yeux si étincelants tout à l'heure et il essaya de sourire.

— Comprends-tu cela, mon pauvre Jacques? dit-il en cherchant à donner à sa voix son timbre accoutumé; ta maîtresse m'annonce qu'elle sort, sans me dire où elle va!... Ecoute, je t'avouerai la vérité, car tu es un ami plutôt qu'un serviteur... Madame et moi nous avons eu ce matin une légère querelle; elle aura voulu se venger en me donnant des inquiétudes pour quelques heures... Mais, dis-moi, Jacques, ne sait-on rien sur l'heure présumée où elle a quitté son appartement?

— Rosalie m'a assuré que ce soir, à neuf heures, madame était encore dans sa chambre... à peu près à cette heure on a entendu claquer la petite porte du jardin, et on a supposé...

— Neuf heures, dis-tu? alors elle n'a pu aller loin... à moins...

— Si monsieur me permettait d'exprimer mon avis... Madame s'est réfugiée sans doute à la ferme, chez la vieille Lambert!

— A la ferme, dis-tu? Oui, oui, certainement elle se sera retirée à la ferme pour cette nuit!

Et quoiqu'il affectât encore de sourire, son visage était plus pâle, plus horrible qu'auparavant.

— Il faut que j'y aille voir, continua-t-il précipitamment; Jacques, mon habit, mon chapeau... je vais à la ferme chercher cette folle capricieuse.

Le valet de chambre sortit. Il était temps, car Grandchamp ne pouvait plus dissimuler l'épouvantable impression que la supposition de Jacques avait produite sur lui. Quand il fut seul il se frappa le front avec rage:

— Quelle fatalité l'a donc jetée entre moi et ma vengeance? murmura-t-il; que faire? elle sait la vérité, mais... non, non, dussé-je les sauver tous... Mais, que dis-je! il sera trop tard!

En ce moment, en effet, une grande rumeur s'éleva dans le château; les domestiques criaient avec terreur: « Au feu! le feu est à la ferme de l'Oseraie!... »

Grandchamp regarda par la fenêtre; la flamme s'élevait au-dessus des arbres dans le lointain.

— Oui, il sera trop tard! continua-t-il avec délire; oh bien! que le destin s'accomplisse!... Cette femme, je la haïssais, et désormais j'allais la craindre... elle l'aura voulu! Tout ce qui me trahissait, tout ce qui me faisait trembler périra à la fois!

Jacques revint annoncer à son maître la fatale nouvelle. Grandchamp eut encore assez de pouvoir sur lui-même pour feindre l'étonnement et la terreur. Pendant qu'il achevait de s'habiller les domestiques entrèrent pour prendre ses ordres; dans leur trouble, ils ne remarquaient pas l'absence de la maîtresse du château.

— Munissez-vous de cordes et d'échelles, s'écria Grandchamp avec une agitation fiévreuse, que personne n'arrive à la ferme les mains vides... Moi, je vais vous précéder; mais, hâtez-vous, le temps presse, et que tout ce qui pourra travailler aille bien vite porter des secours...

Puis il s'élança hors du château et se mit à courir du côté de la ferme.

L'incendie, alimenté par les matières combustibles dont les bâtiments étaient remplis et avivé sans cesse par le vent, avait déjà fait de grands ravages. L'obscurité avait presque entièrement cessé à un quart de lieue à l'entour. Au moment où il s'engagea dans l'avenue de la ferme, Grandchamp fut enveloppé dans un tourbillon de fumée. Malgré son impatience il dut ralentir sa marche; cette vapeur embrasée le suffoquait. Tout à coup il fut heurté assez rudement par une personne qui se glissait avec précaution le long des buissons; à la lueur blafarde de l'incendie, il reconnut Ravinot. Celui-ci reconnut Grandchamp à son tour, et l'effroi qui s'était d'abord montré sur son visage fit place à une espèce de gaieté farouche.

— C'est vous, maître, dit-il; sur mon honneur! il est heureux que ce soit un autre que vous qui ne m'ait pas rencontré là... Tout va bien.

— Tout? demanda Grandchamp en le regardant fixement; ainsi donc cette vieille femme...

— Oh! mon Dieu! c'est *tout comme*, allez! au lieu de m'amuser à faire la chose en détail, ce qui est un peu contre mes idées, j'ai fait d'une pierre deux coups... Ces gens sont assez bêtes pour laisser la clef à la porte de leur maison... Quand je n'ai plus vu de lumière, je les ai enfermés bel et bien à double tour et j'ai allumé la mèche au-dessous...

— Ravinot, ceci est contre nos conventions!

— Puisque je réponds de tout... La mère et le fils couchent seuls dans le bâtiment! Après avoir convenablement arrangé les choses, j'ai voulu juger de l'effet; je me suis caché à quelque distance; ça flambait comme des allumettes.. Au bout de dix minutes la chaleur était telle que les vitres de leurs chambres éclataient comme des marrons dans le feu; ils seront morts avant d'être éveillés!... C'est plus *propre* que l'autre projet... Comme personne n'a sauté par les fenêtres, je suis sûr de tout ce qui était dans la maison... C'est de l'ouvrage bien fait!... Allez voir! vous trouverez ces benêts de garçons de ferme et de servantes se désolant à qui mieux mieux au lieu de songer à s'aider eux-mêmes! Les drôles ont le sommeil dur... ils ne se sont éveillés qu'au moment où le feu leur a chatouillé la plante des pieds; plusieurs sont flambés comme des poulets qu'on va mettre à la broche... pas plus de cheveux et de sourcils que sur la main.

— C'est bien, Ravinot; mais ne pourriez-vous me dire si aucune personne étrangère n'est venue ce soir à la ferme et...

— Je vous le répète, reprit l'incendiaire en baissant la voix, car il entendait les domestiques du château s'avancer à grand bruit, tout ce qui était dans la maison d'habitation y est resté... On vient, je me sauve... Maître, demain nous réglerons le compte...

Il se jeta derrière les broussailles et disparut.

— Ainsi donc tout est dit! murmura Grandchamp d'un ton sombre. Elle aussi! elle... la malheureuse! Mais elle me haïssait, elle eût pu me dénoncer... Allons!

Il se remit en marche et il arriva sur le théâtre de l'incendie.

Cette magnifique ferme de l'Oseraie, objet d'admiration pour tout le pays, présentait en ce moment un spectacle d'horreur et de confusion. Les flammes dévoraient le bâtiment principal, ainsi qu'une grange attenante; elles dépassaient de beaucoup les plus hautes branches des grands arbres plantés au milieu de la cour. A cette brillante lumière on voyait voltiger de toutes parts la volaille effarouchée. Les valets, à la première alarme, s'étaient aussi empressés d'ouvrir les étables des moutons et des bœufs; ces animaux erraient çà et là en bêlant et en beuglant. Les habitants de la ferme, à demi-vêtus, s'appelaient les uns les autres, sans rien faire pour combattre l'incendie, et ils se répandaient en lamentations. Ces cris déchirants, les mugissements plaintifs des bestiaux, les crépitations des flammes, le bruit des poutres qui tombaient embrasées, formaient un horrible fracas, dominé par les rugissements du vent.

Cependant, avec de prompts secours, on pouvait encore diminuer considérablement le désastre. Il ne fallait plus songer à sauver le bâtiment principal et la grange attenante remplie de fourrages, mais les autres bâtiments étaient encore intacts; en coupant la communication par les toitures, il était facile d'isoler le corps de logis embrasé. Par un heureux hasard, le vent était lui-même un moyen préservateur pour ces bâtiments, car il chassait les flammes dans une direction opposée.

Ce ne fut pas d'abord cette observation qui frappa le maître de l'Oseraie. En arrivant dans la cour, ses regards se portèrent avidement vers les fenêtres appartenant aux chambres de Suzanne et de Denis; le feu dévorait déjà les châssis et s'élançait au dehors en jets immenses.

— On ne m'a pas trompé, murmura-t-il.

Il s'avança alors vers les gens de la ferme; il voulut leur parler, leur adresser des encouragements hypocrites; mais les hurlements des femmes et les criailleries des valets couvrirent sa voix. Les domestiques du château, qui arrivaient en ce moment, accrurent encore le désordre. On allait, on venait, on s'interrogeait; on ne savait par où commencer.

— Sauvez d'abord notre bonne maîtresse, la pauvre Suzanne! criait Louison en courant éplorée à travers les groupes.

— Il faut secourir maître Denis! criait un autre.

— Ils sont perdus, ils sont consumés! disaient les plus calmes, en levant les mains au ciel; que Dieu ait pitié de leurs âmes!

Le galop de deux chevaux se fit entendre du côté de l'avenue. Au même instant, les bestiaux qui vaguaient çà et là furent refoulés impétueusement; deux cavaliers entrèrent dans la cour avec la rapidité de la foudre. Leurs chevaux étaient couverts de sueur et de sang; eux-mêmes étaient nu-tête, les vêtements en désordre; le reflet de l'incendie donnait à leurs visages pâles un caractère imposant.

Ils se jetèrent à bas de leurs montures, qu'ils laissèrent aller au hasard, et ils coururent sans hésiter vers le groupe principal des campagnards. C'étaient Denis et Alfred.

En reconnaissant l'ami qu'ils avaient cru mort, les assistants poussèrent des vivats enthousiastes.

— C'est lui, disait-on, c'est notre bon maître! voyez, c'est bien lui... Est-ce que les braves garçons meurent comme ça!

— A l'ouvrage, mes enfants! s'écria Denis d'une voix retentissante; nous causerons demain... Allons, allons, des haches, et abattons partout! Courage! mille tonnerres, courage! et n'y allons pas de main morte!

Duclerc avait déjà jeté un coup d'œil rapide sur l'incendie; il avait facilement compris comment il fallait l'attaquer.

— Denis, s'écria-t-il en désignant le bâtiment situé entre la maison d'habitation et les vastes réserves, si vous voulez m'en croire, nous commencerons de ce côté... coupons cette toiture au-dessus du vent, nous ferons ainsi la part du feu!

— Oui, c'est cela; allons! tous sur le toit!... Des haches, des pioches, et ne clampinons pas à la besogne!... De par le diable, il y a assez de mal comme ça!

En même temps il alla chercher une échelle pour escalader l'édifice qu'il s'agissait de démolir. Duclerc, de son côté, jetant son habit loin de lui, s'arma d'une hache. La plus grande activité régnait déjà dans cette foule, inutile et abattue un moment auparavant. La présence de deux hommes énergiques avait réveillé l'ardeur des assistants; chacun se préparait à lutter corps à corps avec le fléau.

Granchamp, en voyant apparaître tout à coup Duclerc et Denis, avait senti comme un coup de poignard dans sa poitrine. Réfugié à l'ombre des grands arbres qui s'élevaient au milieu de la ferme, il cherchait à se remettre du trouble où l'avait jeté cet incident inattendu. Il était trop habitué à maîtriser ses émotions les plus vives pour ne pas réussir; et, comprenant bientôt la nécessité de payer d'audace, il se mit sur le passage de Lambert qui, chargé de sa lourde échelle, se dirigeait vers le théâtre de l'incendie.

— Voilà un grand malheur, maître Lambert, dit-il d'un air grave et triste, je crains fort...

La voix lui manqua, tant le regard de Denis était formidable.

— N'est-ce pas que Ravinot a bien fait les choses! s'écria le fermier d'un ton farouche; mais, patience! nous nous reverrons: chaque affaire aura son temps!

Et il courut vers le bâtiment, sans donner aucun autre signe d'attention à son coupable maître.

Grandchamp était atterré, mais il dut dissimuler ses angoisses; à deux pas de lui une autre personne l'observait avec une attention extraordinaire. Le malheureux ne reconnut pas Duclerc, et ne voyant en lui qu'un témoin indiscret des menaces de son fermier, il reprit d'une voix altérée:

— Que veut dire ce pauvre Denis? En vérité, ce

triste événement lui a tourné la tête... Vous, mon ami, pourriez-vous m'expliquer...

— Je ne suis pas votre ami, Charles Grandchamp! s'écria Duclerc avec violence; je sais maintenant ce qu'il en a coûté au malheureux Gustave pour vous avoir donné ce nom!

Emporté par la rage, il leva sur la tête de l'époux d'Adélaïde la hache qu'il tenait à la main, mais il la rabaissa aussitôt; puis, craignant peut-être de céder à la tentation, il s'enfuit et alla se joindre aux travailleurs.

Cette fois, Grandchamp se sentit perdu; tous ses horribles secrets étaient divulgués; au moment où il rêvait le triomphe il se voyait au fond de l'abîme. Son organisation maladive, déjà ébranlée par tant de secousses, plia sous le faix; ses facultés s'altérèrent et il éprouva une sorte d'hallucination: les objets tournoyaient autour de lui, un immense bourdonnement retentissait à ses oreilles. Cet incendie, le bruit des outils qui frappaient sans relâche la charpente de la ferme, ces formes humaines passant et repassant devant les flammes, prenaient pour lui des proportions gigantesques et fantastiques; il se croyait dans les enfers, assistant à une danse de démons.

Cependant sa raison, par un suprême effort, réagit contre ces écarts de son imagination exaltée. La vision cessa, les objets reprirent peu à peu leurs places et leurs formes véritables. Le sang recommença à circuler dans ses veines, et il parvint encore une fois à envisager presque froidement sa position.

Une espérance lui restait: ses crimes étaient connus, mais les preuves pouvaient venir à manquer. Il croyait toujours que la Bonne-Femme et Adélaïde avaient péri dans l'incendie; rien ne le confirmait dans cette opinion, mais il s'y rattachait avec une espèce de fureur. Ces deux témoins redoutables n'existant plus, on ne pouvait réunir contre lui des charges suffisantes, et il se préparait à soutenir contre ses autres adversaires une lutte acharnée.

Rassuré un peu par ces réflexions, il songea à retourner au château; son but en se montrant à la ferme avait été atteint; il lui tardait de retrouver un peu de calme.

Au moment où il allait sortir de la cour, deux personnes, deux femmes, s'avançaient lentement à sa rencontre dans l'obscurité. Un mouvement des flammes projeta un reflet brillant sur leurs visages: c'étaient Suzanne et Adélaïde.

Il s'arrêta brusquement. A sa vue, Adélaïde se rejeta en arrière et poussa un cri de terreur. Suzanne, par un geste menaçant, lui montra le ciel.

— Il y a donc un Dieu! hurla le misérable.

Et il se mit à courir en poussant des cris semblables à ceux que devaient pousser jadis les possédés. Ni Adélaïde, ni Suzanne ne songeaient à le poursuivre, et cependant il croyait entendre un pas presser son pas, une voix rugir derrière lui. Ses forces s'étaient centuplées comme par miracle; lui, tout à l'heure si faible et si lent, il dévorait l'espace, il franchissait les fossés et les buissons. Bientôt ce ne fut plus un ennemi isolé et inconnu qu'il crut acharné à sa poursuite: c'était Duclerc avec sa hache étincelante, c'était l'ombre de Gustave de Saint-Chaumont avec son regard de feu, c'était Suzanne avec son front menaçant, c'était Adélaïde, c'était Ravinot, c'étaient les victimes et son complice. Puis il lui sembla que l'incendie lui-même, avec ses flammes crépitantes, ses étincelles animées, ses ardeurs dévorantes le poursuivait aussi; il se voyait entouré de feu; l'air qu'il respirait était embrasé, et les malédictions poussées par mille voix devenaient de moment en moment plus formidables. Ses vêtements étaient déchirés, sa poitrine était haletante, la sueur ruisselait sur son front, une écume blanchâtre se montrait au coin de sa bouche... et il allait toujours avec une rapidité infernale, en proie à une horrible frénésie...

CONCLUSION.

Le lendemain matin, on était entièrement maître du feu, et la ferme de l'Oseraie présentait un spectacle aussi paisible qu'on pouvait le désirer après une semblable catastrophe. La maison habitée par Denis et la grange attenante avaient disparu, il est vrai,—il en restait seulement quelques pans de mur, des débris noircis d'où s'échappaient encore par intervalles de légers tourbillons de fumée,—mais les autres bâtiments, dont la valeur était considérable, et qui contenaient de vastes approvisionnements, avaient été sauvés. Les bœufs et les moutons étaient rentrés dans leurs étables; les pauvres volatiles, si effrayés la nuit précédente, se promenaient dans la cour avec leur gravité ordinaire. Les vieux arbres du préau semblaient avoir peu souffert du voisinage de l'incendie; cependant, du côté du bâtiment consumé, les feuilles étaient jaunes et flétries. Il n'y avait plus qu'un petit nombre de travailleurs autour des ruines; encore étaient-ils là plutôt par mesure de précaution que dans un but d'utilité réelle, car tout danger était passé. Denis, assis à l'écart, sur un billot de bois, calculait d'un air soucieux, mais sans découragement apparent, ses pertes probables, ou répondait tranquillement aux amis et aux voisins campagnards venus à l'Oseraie, soit par curiosité, soit pour offrir leurs services. Un soleil doux et chaud éclairait ce tableau; le vent, si terrible la nuit, s'était réduit aux proportions d'une brise capricieuse, parfumée par les émanations des marais; la nature elle-même, après les désastres récents, voulait consoler et récréer ceux qui en avaient été les victimes.

Un des bâtiments encore existants avait été habité autrefois par les fermiers de l'Oseraie. Dans ce bâtiment, deux servantes de la ferme venaient de mettre en ordre une petite chambre assez convenable que Denis devait occuper, en attendant la reconstruction de sa demeure. Les deux commères, parmi lesquelles se trouvait la ménagère en chef, Louison, s'entretenaient, tout en reprenant haleine, des événements passés; leur conversation pourra servir naturellement de conclusion à cette histoire.

— Une terrible nuit, Jeannette! disait Louison d'un air capable en hochant la tête; oui, une terrible nuit! il n'en a pas deux pareilles dans toute son existence! Quant à moi, je trouve que c'est déjà trop d'une; je ne sais vraiment pas comment j'existe encore!

— Avez-vous donc couru quelque danger? demanda sa compagne, bonne et grosse paysanne dont le rôle ordinaire était de donner la réplique à la bavarde Louison.

— Non, pas moi! j'étais ici, Jeannette, bien loin de l'incendie... Lorsque l'on disait que maître Denis et la Bonne-Femme avaient été brûlés dans la maison, j'ai cru devenir folle! Seigneur mon Dieu, j'eusse préféré voir la récolte de tout le département ravagée par la grêle!... J'ai promis une neuvaine à la Sainte-Vierge si la chose tournait bien, et je la ferai de bon cœur, je vous assure. Mais à propos, continua-t-elle en baissant la voix et en prenant un ton de circonstance, vous savez la nouvelle, Jeannette... il n'y a plus de maître à l'Oseraie!

— Comment cela, Louison?

— Quoi! vous ignorez?... M. Grandchamp est mort cette nuit.

— Miséricorde! Je l'ai vu hier au soir encore...

— C'est pourtant vrai, Jeannette; ce que c'est que de nous! On l'a trouvé noyé dans le lac au bas du château, sans qu'on sache comment cela s'est fait... Madame Lambert a conté ce matin qu'il s'était jeté dans l'eau par désespoir, en voyant l'incendie dévorer ce beau domaine; il était malade depuis longtemps, et ça lui a porté à la tête... Entre nous, ma chère, il court de mauvais bruits sur le défunt maître de l'Oseraie! La Bonne-Femme nous a défendu à moi et aux autres d'en parler; mais c'est sûr, voyez-vous, c'est aussi sûr que vous et moi nous sommes d'honnêtes filles!

— Ça, personne ne peut dire le contraire, répliqua Jeannette d'un ton approbateur; mais, sans vous commander, que dit-on du maître de l'Oseraie ?
— Eh bien! puisque vous êtes si curieuse, M. Grandchamp est pour quelque chose dans l'incendie de la ferme!
— Allons donc! un propriétaire! ça serait trop bête! d'ailleurs, c'est Ravinot qui a mis le feu.
— L'un et l'autre, ma chère, l'un et l'autre; ils s'entendaient ensemble, quoique ce soit drôle tout de même... Quant à Ravinot, les gendarmes vont venir l'empoigner, et il y aura un vaurien de moins dans le pays.
— C'est bien vrai, Louison; mais vous ne songez pas à sa femme, à ses malheureux enfants ?
— Sa femme n'a plus besoin de rien; la pauvre créature est morte aussi cette nuit. Du reste, elle ne pouvait aller loin; madame l'avait condamnée et elle ne se trompe jamais... On a envoyé chercher ce matin les petits Ravinot; ils n'avaient pas mangé depuis vingt-quatre heures : c'était à faire pitié... La Bonne-Femme veut en prendre soin jusqu'à ce qu'ils soient grands, et maître Denis ne s'y oppose pas, car il ne la contrarie jamais dans ses charités!
— Et il fait bien, Louison. Ah! ça, mais, il y aura donc, à votre compte, de grands changements au château ?
— Vous pouvez le croire, ma chère. On va enterrer M. Grandchamp avec tous les honneurs; puis la maîtresse partira pour Amiens, où elle a des parents, et elle y passera le temps de son veuvage. M. Alfred... vous savez, l'ancienne connaissance de madame Adélaïde, ce brave jeune homme qui a donné un si bon coup de main la nuit dernière... M. Alfred donc voulait l'accompagner; mais madame s'y est opposée fortement, et la Bonne-Femme n'a pas voulu y consentir... Mais ça ne fait rien, ça sera un maître pour nous, c'est moi qui vous le dis!

— Le croyez-vous, Louison ?
— J'en suis sûre; laissez passer un an, il y aura un nouveau maître à l'Oseraie.
— Puisse-t-il valoir mieux que l'ancien, Louison ! Eh bien! alors, ils reviendront habiter le château ?
— Pour dire le vrai, ma pauvre Jeannette, je ne crois pas... Voyez-vous, il y a ici... Comment appelle-t-on ça ?... Oui, il y a un sort jeté sur le domaine de l'Oseraie. Ça porte malheur à tous ceux qui y restent ! Voyez combien de têtes ont tourné depuis peu : d'abord ce Grandchamp, puis Ravinot, et jusqu'à notre bon maître Denis, qui une fois...
— Ne parlez pas de ça, Louison! on nous défend de parler de ça...
— Dieu merci, je suis connue ! reprit la ménagère avec volubilité, en prenant une mine discrète; je n'aime pas à jaser des affaires de mes maîtres et à faire des commentaires sur ceux qui sont au-dessus de moi; mais vous ne m'apprendrez pas ce que parler veut dire, ma chère, entendez-vous ! et je soutiens qu'à l'Oseraie on a vu récemment de vilaines choses... peu m'importe qui l'entende et qui le répète.
La pacifique Jeannette ne jugea pas à propos d'entamer une discussion sur ce chapitre avec son interlocutrice, dont la faconde lui était connue de longue main; elle se contenta de dire timidement et en poussant un gros soupir :
— C'est tout de même drôle la vie, ma pauvre Louison!... mais s'il y a des coquins comme ce Ravinot ou peut-être ce Grandchamp, il y a de bonnes âmes comme Suzanne Lambert, et cela console !
Et la conversation s'arrêta sur cette réflexion, banale peut-être, mais qui fait toute la philosophie de ceux qui n'en ont pas.

FIN DE LA FERME DE L'OSERAIE.

GEORGES
OU LA VICTIME DES PRÉJUGÉS
PAR ANDRÉ DE VAYRES.

Tous, dans ce pauvre univers, nous sommes plus ou moins esclaves des préjugés ; aussi pouvons-nous, sans rougir, avouer publiquement cette faiblesse, qui, pourvu qu'elle ne soit pas poussée à l'extrême, peut, en quelque sorte, être considérée comme le sentiment d'une honnête pudeur; mais que ces préjugés exercent sur nous assez d'empire pour nous rendre au besoin cruels, impitoyables, et nous faire fouler aux pieds les sacrés devoirs que nous impose la nature, c'est ce qui dégrade l'humanité, et, malgré les desseins du Créateur, la place au-dessous de la brute même.

Mais, nous dira-t-on, le respect qu'on doit à la naissance, au nom, à la famille, est si légitime et mérite de si grands égards, qu'il n'est point de sacrifice assez élevé qu'il ne puisse exiger de nous. Ainsi, la vanité de nos aïeux, qui s'étale fastueusement sur une toile héréditaire; ainsi, quelques parchemins vermoulus, qui, le plus souvent, tirent leur principal éclat d'une origine ténébreuse; ainsi, quelques titres pompeux qui sont peut-être le fruit d'un heureux brigandage; ainsi, enfin, de misérables distinctions, établies entre les hommes nés pour être égaux, nous commandent de leur immoler la vertu, qui devrait être notre seule noblesse! Risible et funeste orgueil! es-tu donc la plaie incurable de nos âmes? Ne cesserons-nous jamais de nous agenouiller devant des idoles de boue?

M. Dorby, issu d'une des plus notables familles de Londres, était devenu orphelin au printemps de son âge. Enfant gâté de la maison, et laissé par de trop faibles parents le maître absolu de ses plus bizarres volontés, il avait atteint sa vingtième année sans jamais s'être plié au joug de la moindre subordination : de plus, il avait sucé avec le lait maternel une vanité dédaigneuse et intraitable, un égoïsme sec et ombrageux qui avaient étouffé en lui le germe des qualités qui caractérisent l'homme de bien. Unique héritier d'une brillante fortune, et né avec un caractère passionné et fougueux, il oublia bien vite ceux à qui il devait le jour, et se réjouit d'un malheur qui venait mettre le comble à son indépendance. D'abord généreux par ostentation, il dissipa une partie de sa fortune avec ses amis d'enfance, étala un luxe effréné et se mit à dépenser sa vie comme un trésor qui ne doit pas finir ; les salons de jeux, les bals, les promenades publiques furent tour à tour les témoins de ses folles prodigalités; les femmes, cet écueil fleuri de la jeunesse, lancèrent aussi sur lui leurs réseaux dangereux, et soit par coquetterie, soit qu'il ne pût résister aux œillades de ces

Serais-tu content de changer de métier et de me suivre? — Page 62, col. 2.

aimables despotes, il se laissa rançonner à merci, et Dieu sait ce que lui coûta cet esclavage; mais, après avoir traîné quelque temps sa chaîne dorée, il finit par la trouver trop pesante et s'en dégagea, dégoûté, par le rapide excès qu'il en fit, d'un plaisir qu'il n'avait pourtant qu'effleuré. Mais l'amour, ce premier tyran de nos cœurs, ne perdit pas sur lui tout son empire, et après un engourdissement de quelques jours, les passions de M. Dorby se réveillèrent plus violentes et s'accrurent devant un obstacle qui vint blesser son exigeante vanité.

Il existait à Londres une jeune fille remarquable par sa beauté et devant laquelle s'arrêtait l'admiration publique, en oubliant volontiers l'obscurité de sa naissance. Lorsqu'elle sortait de son humble réduit, tous les cœurs volaient sur son passage et mille regards caressants faisaient l'éloge tacite de ses charmes; mais on connaissait si bien l'austérité de ses mœurs, sa démarche était si imposante, son œil si sévère, sa mise si modeste, malgré son esquise propreté, que le respect qu'elle inspirait était plus fort que les désirs qu'elle faisait naître; elle exerçait en un mot sur les esprits cet irrésistible ascendant qui est l'heureux privilège de la vertu.

Cette intéressante personne, connue de toute la ville, où elle ne connaissait presque personne, n'avait point échappé aux yeux lascifs de M. Dorby; se mêlant à la foule des adorateurs qui, chaque jour, se portaient sur son chemin, comme eux il ne pouvait se lasser d'admirer cette créature accomplie, qui, sans le savoir, venait attiser chez lui des feux subitement rallumés; mais lorsqu'il voyait briller comme une étoile, sur son front virginal, le reflet de son âme pure et candide, lorsqu'il apercevait les traits si beaux de son visage se marier à des traits plus beaux encore, à ceux de la chasteté et de l'innocence, retenu à son tour par un respect inconnu, il imposait silence à ses désirs impétueux et se contentait d'une admiration stérile et muette.

Pour étouffer en lui cette passion naissante, qui, malgré toute la douceur qu'il trouvait à l'alimenter, froissait un peu sa vanité naturelle lorsqu'il songeait au rang élevé qu'il occupait dans le monde, il eut recours à la puissance des préjugés et se promit de ne plus courir volontairement sur le passage de Rosine. C'était le nom de la jeune fille. Cette résolution, prise avec la ferme intention de l'exécuter, produisit d'abord un très-bon effet, et les nouveaux plaisirs auxquels il se livra eurent bientôt banni de son esprit inconstant le souvenir de celle qu'il voulait oublier; mais Rosine était trop belle pour qu'en la rencontrant de nouveau il n'en redevînt pas amoureux; d'ailleurs, il se trompait lui-même en croyant qu'il ne l'aimait plus : le trait dont son cœur était blessé y avait fait une blessure trop profonde pour qu'elle eût eu le temps de se cicatriser.

Un jour que, fatigué des jouissances monotones de la ville, il se délassait dans la campagne, sous les arbres d'une allée solitaire, il aperçut à quelques pas de lui une jeune fille assise sur un petit tapis d'herbe. Il s'avance en déguisant de son mieux le mouvement de curiosité auquel il obéissait, et, à sa grande surprise, il reconnaît Rosine, qui, le voyant s'arrêter devant elle, baisse pudiquement ses grands yeux bleus, et laisse voir sur son visage le trouble extrême qu'elle éprouve d'une semblable rencontre, dans un endroit écarté de toute habitation.

— Ne vous troublez pas, belle enfant; le sexe m'a toujours inspiré trop de respect pour que ma présence puisse vous alarmer; regardez-moi plutôt comme un zélé défenseur qui, au péril même de sa vie, se ferait une gloire de vous servir de bouclier, si quelque téméraire oubliait devant vous les égards qu'il vous doit.

M. Dorby était un jeune homme d'un très-bon ton,

Je ne savais pas qu'un bourreau eût le droit de réclamer à sa victime le prix des tortures qu'il lui a fait endurer.
Page 63, col. 2.

sa voix était douce, l'expression de sa figure franche, son maintien noble et rassurant, et son sourire, lorsqu'il le voulait, s'animait d'une candeur capable d'inspirer de la confiance à la femme la plus soupçonneuse et la plus timide.

La simple Rosine se laissa prendre à ces dehors perfides et le calme reparut sur ses traits; toutefois, elle se disposait à continuer sa route, lorsque, cédant aux instances du jeune inconnu, dont les questions étaient empreintes de la plus généreuse bienveillance, elle lui apprit qu'étant orpheline, sa grand'mère seule lui restait d'une nombreuse famille, qu'elle avait vu descendre au tombeau, et que se trouvant l'unique appui de la pauvre octogénaire, elle allait, comme elle le faisait tous les huit jours, lui apporter le fruit de ses modestes épargnes, dans une petite chaumière qu'elle habitait à deux lieues de Londres.

— Vous vous enrichissez dans le ciel en vous appauvrissant sur la terre, dit M. Dorby, et Dieu qui vous voit, compte tous vos bienfaits, pour leur proportionner ceux dont il doit vous combler un jour; mais vous, dont la noble maxime est de faire le bien, me permettrez-vous d'imiter en ce jour votre exemple, et accepterez-vous pour votre vieille parente cette faible somme, que je me trouve honoré de pouvoir vous offrir?

— Monsieur, dit Rosine en balbutiant, mes économies suffisent à tous les besoins de ma pauvre grand'mère; sa misère s'est familiarisée depuis longtemps avec les privations, et votre or lui serait inutile; gardez-le donc, et puisse le ciel vous récompenser de votre bon cœur.

— Vous êtes trop fière ou trop égoïste, répliqua M. Dorby; car, ou bien votre vanité souffre de me voir désirer de joindre mon denier au vôtre, ou vous voulez garder pour vous seul le mérite du bienfait; Dieu pourtant, croyez-moi, commande la charité pour que tout le monde la pratique.

— Que vous êtes généreux, monsieur!

— Vous le serez plus que moi en acceptant mon offre.

Rosine resta muette, tendit sa jolie main tremblante, et, trahissant malgré la joie qu'elle voulait cacher, elle pleura de contentement, tant elle était heureuse déjà du bonheur que bientôt allait éprouver sa grand'mère.

M. Dorby aurait bien voulu la suivre et était sur le point d'en solliciter la faveur; mais il craignit d'effaroucher la jeune fille et de diminuer l'impression favorable qu'il venait de produire dans son esprit; aussi, pour ne point faire avorter les flatteuses espérances dont il voyait briller la réalisation dans un avenir prochain, il prit congé de Rosine, qui en parut satisfaite, et la pria, les mains jointes, de souffrir qu'il se regardât désormais, chaque semaine, débiteur d'une somme égale à celle qu'elle avait eu la bonté d'accepter.

La discrétion de la jeune fille lutta quelques instants contre la générosité de M. Dorby; mais ce dernier insista avec tant de chaleur, que Rosine, pour récompenser son ardente charité, car elle la croyait tout à fait désintéressée, accepta la proposition de son bienfaiteur, et pour qu'il pût accomplir ce qu'à dater de ce jour il avait l'air de regarder comme un devoir sacré, elle lui donna l'adresse de sa demeure avec un abandon et une confiance qui témoignaient de la simplicité de son cœur.

Ils se séparèrent.

M. Dorby, qui regardait sa victoire comme certaine, rentra chez lui en se livrant par anticipation à une joie infernale, et commença à dresser ses plans d'attaque de façon à ne pas échouer dans son entreprise. Jamais huit jours ne lui avaient paru aussi longs que ceux qui s'écoulèrent jusqu'à l'heure du rendez-vous. Le moment qu'il attendait avec la plus vive impatience arriva enfin, et, leste et joyeux, il s'achemina vers la demeure de Rosine.

— Se rappellera-t-elle nos conventions? M'ouvrira-t-elle sa porte? N'a-t-elle pas changé d'avis, ou seulement accepté mon offre pour se débarrasser plus vite de moi? N'a-t-elle pas deviné l'intention coupable de ma vertueuse action?

Telles étaient les questions que s'adressait en chemin M. Dorby. Il s'arrêta enfin devant la maison indiquée, monta trois étages et frappa doucement, après avoir mis l'œil et l'oreille à la serrure. On lui ouvre, et une voix pleine d'urbanité et de douceur lui dit d'entrer.

C'était la voix de Rosine, qui, le regardant comme un envoyé de Dieu, comme un bon ange tutélaire, s'excusa avec une grâce infinie de lui faire une réception aussi mesquine, et le remercia d'avance du bien qu'il venait accomplir.

— Vous usurpez mon rôle, vertueuse fille, dit M. Dorby d'un ton pénétré, car c'est moi qui vous dois de sincères remerciements, puisque vous me fournissez l'occasion d'être utile à mes semblables; je suis riche, très-riche, mais je serais indigne de l'être si je ne savais pas qu'une partie de ma fortune appartient de droit aux malheureux; regardez-vous donc comme ma légitime créancière, surtout ne me tenez aucun compte d'une générosité que vous m'avez inspirée, vous, si pauvre, et dont les sacrifices ont un réel mérite, puisqu'ils doivent vous être si coûteux. Je reviendrai dans huit jours, à la même heure qu'aujourd'hui, pour continuer la liquidation de ma dette, qui ne tarira qu'avec l'existence de votre grand'mère, et je désire vous devoir longtemps pour que longtemps aussi vous jouissiez de la vue d'une parente qui vous tient lieu d'une famille entière, et dont les jours semblent vous être si précieux.

Rosine resta interdite et sa pudeur retint avec effort l'élan de sa reconnaissance, qui, dans son naïf abandon, était sur le point d'éclater avec trop de vivacité. M. Dorby était, avant tout, un jeune homme fort adroit. Pour ne pas embarrasser plus longtemps cette âme heureuse et tendre et la laisser dans une complète admiration de ce qu'il venait de faire, il para sa belle action du relief de la modestie, et disparut sans même laisser à Rosine le temps de le saluer. Le fourbe savait que c'était la meilleure manière d'asseoir solidement les bases de son empire dans le cœur de cette innocente fille.

Fidèle à sa promesse, il revint au bout de huit jours, à l'heure convenue, et cette fois il n'obtint pas le même accueil. Ce n'était pas que Rosine suspectât tant soit peu ses intentions; mais une semaine d'intervalle lui avait laissé tout le temps nécessaire pour réfléchir, et ce cœur sensible, en s'occupant de son bienfaiteur, avait ressenti insensiblement un trouble extrême qui s'augmentait en sa présence.

Il résulta de cet incident une scène muette, qui, hélas! perdit Rosine et devint plus tard le tombeau de son innocence. Elle reçut son bienfaiteur en pâlissant et la tête baissée, et le tremblement qui, quelques instants après, s'empara de tous ses membres, ne fit que trop bien voir pour son malheur le genre d'émotion à laquelle elle était en proie. M. Dorby, comme prévoyant sa victoire, et pour la rendre plus certaine, s'était paré, ce jour-là, des dehors les plus attrayants; bijoux de prix, riche toilette, il avait mis tout en jeu pour séduire le cœur et la pauvreté de Rosine; mais comme il voulait qu'elle tombât d'elle-même dans le piège qu'il lui tendait, il feignit de ne pas voir le trouble qui l'agitait, et, sans proférer une seule parole, il prit sa main tremblante, l'ouvrit aussi lentement qu'il put et y déposa une bourse ornée de fines pierreries et contenant une somme plus élevée que les deux précédentes.

Au contact de la main de M. Dorby, Rosine tressaillit visiblement, sa poitrine devint haletante et le doux poison de l'amour s'infiltra dans ses veines sans qu'elle pût se rendre compte du mal naissant qui venait la dévorer.

Pauvre fille! elle était déjà perdue sans ressource. M. Dorby, la prenant doucement par le bras, la conduisit près d'un siége, où il la pria de s'asseoir, et, debout devant elle, il attendit la fin de cette crise sans chercher à la calmer, car il était heureux en contemplant son propre ouvrage.

Rosine devint moins agitée, et, honteuse de l'état où elle se trouvait, elle chercha à expier noblement sa faiblesse.

— Monsieur, dit-elle avec cette fierté inimitable de la vertu qui s'arrête prudemment sur le bord du précipice, mon respect et mon amour pour ma vieille et malheureuse grand'mère m'ont fait accepter légèrement vos offres généreuses, et d'un autre côté, vous m'avez paru si bon et si charitable, que j'aurais craint de vous offenser trop cruellement en fermant la main devant votre aumône; mais, dussé-je encourir votre ressentiment, je renonce sérieusement aux bienfaits de votre âme prodigue, et vous prie de reprendre cette bourse, que je ne dois pas accepter; votre humanité compatissante m'a ébloui au point de me faire oublier mon devoir; je n'aurais point dû recourir à des ressources étrangères pour accomplir une tâche que m'impose la nature, lorsque le produit de mon travail me suffisait: adressez-vous, monsieur, à de plus pauvres que moi. Tant que ma main pourra tenir l'aiguille et que mes yeux seront assez bons pour la conduire, je croirais voler véritablement le pain des malheureux en gardant pour moi une part des bienfaits que lui doit l'opulence. Tenez, monsieur, reprenez votre or; je n'ai pas besoin de cette dernière générosité pour nourrir éternellement dans mon cœur la reconnaissance que je vous dois.

Rosine se tut, tourna la tête, et resta le bras tendu vers M. Dorby, en lui présentant la bourse qu'elle tenait encore dans la main, et en répétant d'une voix résolue: — Monsieur, reprenez votre or.

Elle resta quelques instants dans cette attitude, et ne sentant pas la main de M. Dorby s'approcher de la sienne, elle attendit encore, mais en vain, et se retourna vers lui pour réitérer ses instances. Quelle ne fut pas sa surprise en le voyant à genoux devant elle. Son pauvre cœur se troubla de nouveau; mais elle eut toutefois la force de redire encore: — Monsieur, reprenez votre or, vous dis-je.

M. Dorby crut qu'il était temps de faire appel aux manœuvres savantes prescrites par le code de l'amour en de semblables circonstances, il saisit avec un chaleureux empressement la main charmante qu'on lui tendait, y déposa un long baiser, et soit par l'effet d'une émotion réelle, soit qu'il fût expert dans l'art perfide de pleurer à volonté, il versa quelques larmes que son silence et un profond soupir rendirent plus éloquentes que les plus beaux discours.

Ces larmes brûlèrent la main de Rosine et la brûlure s'étendit jusqu'à son cœur; elle voulut faire un mouvement en arrière pour dégager au moins sa main de celles de M. Dorby; mais ce mouvement fut si faible, car les forces commençaient à lui manquer, que l'heureux jeune homme ne perdit pas un pouce de terrain, et attisa par un baiser nouveau le grand feu qu'il venait d'allumer. Le feu devint bientôt un véritable incendie; ce fut alors qu'il jugea à propos de porter le dernier coup à cette pauvre âme en délire.

— Mademoiselle, dit-il avec une douceur inexprimable, et donnant à sa voix, à ses yeux et à son maintien l'expression d'une franchise qu'il eût été impossible de suspecter, votre noble désintéressement a pénétré mon cœur, et j'admire chez vous cette fierté de sentiments si rare au sein de l'indigence; vous avez raison de refuser mon or, car vous n'en avez pas besoin, vous êtes plus riche que moi; mais ne pourrais-je pas vous offrir quelque chose qui serait peut-être digne de vous? quelque chose qui, devenant la juste récompense des vertus que je découvre en vous, serait, de plus, un gage de la pureté de mes intentions? Je sais bien que tout ce que je puis vous offrir est bien au-dessous de vos mérites, si vous exigez que tout soit pesé dans une juste balance, mais en vous donnant mon cœur.....

A ce mot, Rosine fixa sur M. Dorby un regard sévère et se mit ensuite à pleurer, comme si les larmes eussent été sa seule ressource pour se venger d'une offre qu'elle regardait comme une véritable injure.

— Monsieur, dit-elle, quel mal vous ai-je fait pour que vous m'accabliez ainsi de vos mépris? Est-ce ma pauvreté qui vous inspire si peu d'estime pour ma personne?

— Eh quoi! je vous offense lorsque...

— Oui, monsieur, je me tiens pour offensée; mais je vous pardonne en faveur du bien que vous avez fait à ma pauvre grand'mère; toutefois, je vous avouerai que vous me faites payer bien cher la générosité dont vous avez usé envers elle.

— Je ne vous comprends pas, ou plutôt je ne devine que trop bien la méprise que vous venez de commettre. L'offre que je viens de vous faire de mon cœur a éveillé en vous d'honorables susceptibilités, j'en conviens, mais vous vous êtes trop hâtée peut-être de condamner en moi un sentiment dont vous auriez dû analyser le fond plutôt que la forme. Mon cœur, c'est ma vie, ma vie, ma fortune; mon cœur, c'est un esclave qui voudrait qu'un prompt hymen légitimât ses chaînes, pour qu'il pût les traîner sans cesse à vos pieds sans vous faire rougir. Vous tenez-vous toujours pour offensée? Répondez, de grâce.

— Monsieur, je rétracte des paroles dont je reconnais à présent toute l'injustice; puissiez-vous les oublier avec autant de sincérité que j'en mets à me repentir de vous les avoir adressées. Mais, si je rends hommage à la loyauté de vos intentions, je vous vois séparé de moi par une barrière insurmontable, et cette barrière c'est la haute condition dans laquelle vous êtes né, ou bien l'obscurité de celle où je me trouve; le monde ne vous pardonnerait jamais une semblable dérogation, et puis votre famille....

— Ma famille? Je n'en ai plus, je suis orphelin comme vous, et si mes parents ne m'avaient point précédé dans la tombe, leur autorité et celle d'un monde dont vous me croyez l'esclave, je les braverais pour devenir votre époux. Oh! dites-moi que vous me permettez d'aspirer à ce titre glorieux, et toute ma vie ne sera pas assez longue pour vous en témoigner ma gratitude.

— Ne vous abaissez pas, monsieur.

— Connaissez votre prix, mademoiselle.

— Je ne suis qu'une humble ouvrière.

— Je ne suis que votre serviteur.

En disant ces mots, M. Dorby reprit la main de Rosine, la serra doucement, et de nouveau mit tout en feu la pauvre fille; puis, profitant du trouble où il la voyait, il lui peignit sa passion sous les couleurs les plus vives.

Cette dernière brèche qu'il fit à son cœur lui en valut la conquête. Rosine, qui connaissait l'amour pour la première fois, et qui n'avait aucune raison pour se défier de son langage, adressa à M. Dorby un sourire plein de confiance, et, ne pensant plus à retirer sa main qu'il tenait toujours dans la sienne, elle tendit l'autre par un mouvement involontaire, sans prévoir, hélas! les funestes conséquences de cet innocent abandon.

Quatre mains qui se joignent et qui se pressent disent bien des choses sans le secours de la voix, et si, surtout, les pieds se mêlent à la partie, ainsi qu'il arriva dans cette circonstance, les bouches peuvent rester muettes, les aveux et les confidences n'en sont pas moins rapides pour cela. Rosine regardait M. Dorby avec une langueur qui attestait sa défaite et le plaisir dangereux qu'elle éprouvait de se voir aimée, et M. Dorby, mariant à l'éclat de son œil vif et noir toute la passion amoureuse qui peut entrer dans une âme, la communiquait furtivement, et sans paraître le vouloir, à celle de la pauvre fille.

Cette réciprocité de sentiments ne pouvait échapper à la pénétration subtile de M. Dorby. Il pencha peu à peu et imperceptiblement sa tête sur celle de Rosine, de façon à sentir bientôt sur son visage la douceur de son haleine; Rosine, égarée, en délire, ne recula pas la sienne, qu'elle croyait toujours à la même distance, et ne s'aperçut du rapprochement que lorsqu'elle sentit ses lèvres effleurées par un léger contact.

Dieu la prit en pitié une dernière fois et voulut ajourner la chute de l'ange. La pauvre fille, par une réaction aussi subite qu'inattendue, sortit brusquement du sommeil d'un premier amour, et recourant à toute l'inflexibilité de sa pudeur, recula son visage décoloré et honteux en le cachant dans ses mains qu'elle avait dégagées de celles de M. Dorby.

— Pardonnez-moi, lui dit d'une voix suppliante son adroit tentateur; ma raison s'est égarée un instant auprès de vous, car il est bien facile de la perdre quand on jouit quelques instants de la vue de vos charmes; brûlé de tous les feux que peut inspirer le plus pur et le plus noble amour, je n'ai pas su en calmer la violence, mais je dois obtenir grâce auprès de celle qui les a allumés en moi.

— Monsieur, dit Rosine en versant quelques larmes qui, tombant sur ses joues comme des perles brillantes, la rendirent encore plus belle, je ne vous tiendrai pas rigueur d'une offense qui excite aisément son excuse dans ma propre faiblesse; mais je me sens mal, et j'ai besoin de repos; daignez me laisser seule.

Je vous obéirai sans murmure; mais ne déguisez-vous pas, sous le voile d'un malaise factice, l'ennui que vous cause ma présence?

— Croyez-moi sur parole, dit Rosine.

— Je me garderai d'insister, reprit M. Dorby.

Il se leva, s'avança vers un petit meuble sur lequel il déposa la bourse qu'il avait reprise des mains de Rosine, et, après avoir obtenu d'elle la permission de revenir, il la quitta en lui lançant un regard que la jeune fille recueillit avec un plaisir qu'elle eut une peine extrême à déguiser.

— Elle est à moi maintenant, dit en se frottant les mains M. Dorby, lorsqu'il eut atteint la dernière marche de l'escalier. Sa résistance n'est que le dernier effort de sa pudeur aux abois; encore une attaque, et je réponds de la victoire.

C'est en se berçant de cette flatteuse espérance qu'il rentra chez lui, se promettant bien de ne pas attendre que huit jours fussent écoulés pour revoir celle dont la possession était devenue l'unique objet de sa pensée.

Rosine, restée seule, se jeta sur son lit pour y prendre quelques instants de repos; mais ce fut en vain qu'elle attendit que le sommeil vînt rafraîchir sa pauvre tête brûlante; son cœur venait d'être trop violemment agité pour qu'il pût reprendre aussitôt son calme habituel, et ensuite Rosine se trompait elle-même et faisait tout ce qu'il fallait pour ne pas dormir. Quoiqu'elle commençât à deviner tout le danger qu'il y avait pour elle dans cette singulière liaison avec M. Dorby, loin de prendre une résolution courageuse et de renoncer à un espoir qui ne reposait sur aucune probabilité, elle aimait à se rappeler les promesses séduisantes qu'on lui avait faites, et voyait déjà le bouquet virginal, bouquet tant désiré des filles, briller sur son sein; en un mot, elle envenimait sa plaie loin de chercher à la cicatriser.

— Je dois être belle, se disait-elle avec complaisance, puisque M. Dorby m'assure que je le suis; et ce qui me le prouve encore mieux, c'est qu'un homme de son rang ne se serait point agenouillé devant une simple ouvrière, si des charmes réels n'étaient point chez elle le contre-poids de son indigence. Quel bonheur si un jour je pouvais devenir son épouse! Mais pourquoi en douterais-je? Ne m'a-t-il pas promis, juré? et n'a-t-il pas scellé son serment par les tendres baisers dont il a couvert mes mains?

Ces baisers lui rappelèrent celui qu'elle avait reçu à demi sur les lèvres, et ce souvenir la rendit honteuse à ses propres yeux; sa vertu défaillante se relevait fière et inflexible; mais ce ne fut que pour quelques instants. L'attrait du plaisir reprit son empire sur son esprit ébloui, et l'amour dont elle était déjà consumée se présentant à elle sous des dehors innocents, le scrupule de ce jeune cœur, naguère si sauvage, disparut comme un léger brouillard que dissipe dans l'espace un rayon de soleil. Elle s'endormit enfin avec les douces pensées qui l'agitaient.

De son côté, M. Dorby s'était uniquement occupé de Rosine. Pour être disposé à être parjure à ses promesses, il n'en était pas moins épris des charmes de la jeune fille, et il rêvait à en faire la conquête aux dépens de tous les sacrifices qui seraient en son pouvoir. Le lendemain, le cœur tout chaud des douces impressions qu'il avait ressenties la veille, il éprouva un vif désir de revoir Rosine, et pour ne pas rendre suspecte son arrivée chez elle s'il s'y présentait avant le jour fixé par le rendez-vous, il lui fit parvenir un petit message conçu en ces termes :

« Notre dernière entrevue, femme adorable, a laissé dans mon imagination un souvenir qui ne s'effacera jamais; votre image me poursuit partout, et vivre sans vous me paraîtrait désormais impossible. Comme vous ne m'avez permis de vous visiter que tous les huit jours, et que vos volontés sont pour moi des ordres suprêmes, je viens implorer la faveur de vous voir demain, pour vous entretenir sérieusement du projet que je vous ai déjà comuniqué, et dont l'accomplissement peut seul me rendre heureux. Je veux parler de notre mariage. Faites bien vos réflexions; puissent-elles m'être favorables! et je jure aujourd'hui de ne vivre que pour votre bonheur. »

Cette lettre, empreinte de franchise et de loyauté, produisit sur l'esprit de Rosine une impression tout à fait favorable à M. Dorby. Etrangère à toute espèce de fraude et douée du caractère le plus confiant, elle se crut à la veille d'être parfaitement heureuse et passa la journée en proie à la plus vive impatience. Ce lendemain tant désiré arriva après une longue nuit dont l'attente avait doublé les heures, et midi sonnait lorsque M. Dorby vint frapper à sa porte. Rosine tressaillit, mais ce fut de bonheur; elle lui ouvrit d'une main agitée, et, malgré le soin qu'elle prit de déguiser la joie qui débordait de son cœur, ses yeux, son maintien, sa voix la trahiront; l'amour et tous les désirs qu'il fait naître parlaient dans tous ses mouvements. M. Dorby, au contraire, cacha le mieux qu'il put le contentement qu'il éprouvait, et parut redoubler d'amour pénétré des sentiments qui figuraient dans sa lettre de la veille.

— Avez-vous réfléchi sérieusement à la proposition que je vous ai faite? dit-il à Rosine avec l'accent timide et craintif d'un homme qui redoute une réponse négative.

Rosine baissa les yeux et ne répondit rien.

— Que signifie ce silence? reprit M. Derby; veut-il m'annoncer que votre cœur est fermé au mien, et que je dois renoncer à une félicité que vous m'avez permis d'entrevoir? Parlez, de grâce! un mot prolongez pas chez moi un martyre qui, je le sens, mettrait bientôt un terme à ma vie s'il durait encore quelques jours.

— Monsieur, dit enfin Rosine, vous me paraissez si sincère, que je dois l'être à mon tour. Ce mariage que vous me proposez, et qui est une de ces grandes prospérités de la vie, auxquelles les personnes de ma condition n'ont jamais le droit de prétendre, je l'accepte avec une reconnaissance dont l'avenir seul pourra vous faire connaître toute l'étendue; mais, dans votre intérêt, je vous prie de réfléchir mûrement avant de le consommer, car je serais au désespoir si, profitant chez vous d'un caprice qui vous semblerait une réelle inclination, j'achetais mon bonheur aux dépens du vôtre.

— Tant de générosité, reprit M. Dorby, ne pourrait que doubler mon amour pour vous, si déjà il n'était point arrivé à son comble; mais, rassurez-vous, toutes mes réflexions sont faites; j'ai trouvé en vous le seul objet qui pût fixer mon cœur et me rendre heureux, et, puisque vous consentez à me donner votre main, je vais hâter une union qui doit me rendre le plus fortuné des hommes. Maintenant, si vous m'aimez comme je vous aime, si vous avez en moi cette confiance que mérite la loyauté de mes sentiments, laissez-moi déposer un baiser sur ce beau front où brille la candeur, et mes lèvres croiront y cueillir l'aveu tacite de votre amour pour moi.

Si Rosine ne répondit rien, son silence fut loin d'être l'expression du refus, son front même se pencha comme appelant un baiser qui devait être la source de tant de larmes. M. Dorby crut alors en être arrivé à l'attaque décisive, il passa doucement ses mains derrière la taille de Rosine, appliqua ses lèvres à l'endroit qui lui était offert, les y laissa longtemps pour que le délire pénétrât dans cette vive imagination qu'il voulait exalter, et lorsqu'au léger frémissement de la jeune fille, au tremblement progressif de ses membres, il eut acquis une nouvelle preuve de l'ascendant irrésistible qu'il exerçait sur elle, sa bouche perfide, quittant avec lenteur le front qu'elle venait de sillonner en tous sens, alla respirer la douce haleine de Rosine.

Il n'était plus temps de se défendre ; ces deux âmes se lièrent l'une à l'autre par un long échange de baisers; Rosine était perdue, égarée; l'amour acheva sa conquête.

Au bout d'un quart d'heure, la malheureuse fille sembla sortir d'un profond sommeil ; elle passa la main sur son front, et, l'œil immobile, elle chercha à débrouiller les idées confuses qui encombraient son esprit. Après quelques instants, elle devina toute l'étendue de son malheur, jeta sur M. Dorby un regard désespéré, et, cachant son visage sous ses longs cheveux en désordre, elle versa des larmes abondantes, mais, hélas ! bien inutiles ; son mal était sans remède.

Malgré son insensibilité naturelle, M. Dorby la prit en pitié, et, connaissant la faiblesse naturelle des femmes, il chercha à la consoler par les mêmes moyens qu'il avait employés pour la perdre. Rosine repoussa d'abord ses caresses pour donner un libre cours à ses sanglots ; mais l'amour ne tarda pas à reprendre sur elle tout son empire, et l'enveloppa de nouveau dans ses lacets trompeurs. M. Dorby redonna à son visage et à ses discours toute l'expression d'un amant passionné ; Rosine, qui avait le cœur tout enflammé, en fut émue ; M. Dorby lui tendit la main ; Rosine était sensible, elle lui tendit la sienne ; M. Dorby jura qu'il réparerait sa faute en accélérant un hymen qui allait tout effacer ; Rosine était confiante ; un sourire de foi et de contentement effleura ses lèvres ; M. Dorby se jeta à son cou en pleurant ; Rosine était femme, elle étendit ses bras pour le recevoir et lui pardonner.

La pauvre enfant était si naïve dans ses épanchements, si crédule, si généreuse, et montrait tant de désintéressement dans la prière qu'elle faisait à M. Dorby de l'épouser, que ce cœur égoïste et vaniteux fut sur le point de lui promettre de bonne foi qu'elle serait un jour sa femme, tant il lui trouvait l'âme bien située, tant elle ressemblait peu à la plupart des femmes chez qui la pudeur est une étude et non un sentiment, les caresses un trafic et non le véritable langage du cœur, et dont les yeux, toujours prêts à pleurer au besoin, nous vendent si cher chacune de leurs larmes ; mais cette nature vaniteuse, amollie un instant par les charmes et la sensibilité exquise de Rosine, redevint bientôt l'esclave des préjugés en mesurant la distance qui séparait M. Dorby d'une chétive ouvrière. Toutefois, la journée entière s'écoula dans les protestations d'amour et les serments de fidélité.

La perspective d'un hymen qui allait bientôt l'absoudre, aux yeux de Dieu, d'un moment de faiblesse qu'elle regardait comme un crime, calma un peu la pauvre Rosine, et les paroles persuasives de M. Dorby répandirent un baume consolateur dans son âme désolée.

Cependant le soleil n'éclairait plus que faiblement l'horizon, et la prudence exigeait que nos deux amants se séparassent. M. Dorby prit congé de Rosine, non sans l'avoir embrassée tendrement et l'avoir assurée d'un prompt retour.

Lorsqu'il fut parti et que la pauvre fille se trouva seule, son réduit, où naguère elle chantait du matin jusqu'au soir en promenant son aiguille active sur de gais canevas, lui parut une triste solitude ; elle cherchait de tous côtés sa joie qu'elle avait perdue et ne rencontrait partout que le remords et l'affliction ; la paix de son cœur s'était envolée avec son innocence.

Le lendemain, fidèle à sa parole, M. Dorby vint la distraire de ses chagrins, et parvint à les diminuer en lui réitérant les promesses qu'il lui avait déjà faites ; et ses visites assidues, ses caresses multipliées, et ses cadeaux plus nombreux encore, réussirent enfin à rendre à son visage mélancolique sa première sérénité. Mais, un certain jour, Rosine retomba dans son premier abattement ; elle avait acquis la certitude qu'elle portait dans son sein un malheureux fruit de son coupable amour. Elle le regarda comme un châtiment du ciel et crut voir déjà sur son front le sceau de la réprobation publique. M. Dorby, pour lequel cette révélation ne fut pas, comme on le pense bien, une agréable nouvelle, se composa toutefois un visage riant, et, pour déguiser ses perfides intentions, prétendit que cette grossesse n'était qu'un anneau de plus qui venait consolider la chaîne qui l'unissait à Rosine ; il ajouta qu'il n'ambitionnait rien tant que le titre de père, et qu'il ne jouirait d'une félicité parfaite que lorsqu'il pourrait s'en glorifier. Ces paroles furent une garantie suffisante pour la crédule Rosine, et le bonheur qu'elle trouvait à son tour dans le titre de mère adoucit peu à peu, dans son esprit, la honte qu'il y avait pour elle à le devenir ; en outre, elle chercha, dans la position où elle se trouvait, un prétexte de plus pour parler à M. Dorby de leur mariage et le prier d'en hâter la célébration. Elle ne savait pas que la raison qu'elle invoquait pour qu'on ratifiât la promesse qu'on lui avait faite en deviendrait une dont on se servirait avec adresse pour en différer l'accomplissement.

— Ma chère Rosine, lui dit M. Dorby, j'ai pour vous trop de respect, et, d'un autre côté, je suis trop glorieux de posséder votre cœur, pour vouloir m'unir à vous par un mariage secret qui, dans le monde, donnerait matière à mille conjectures et ferait aisément deviner ce que des préjugés, peut-être absurdes, nous ordonnent impérieusement de cacher sous un voile impénétrable ; et pourtant, si vous ne consentiez pas à différer de quelques mois une union qui m'est si chère, je me verrais forcé de vous épouser clandestinement pour ne point afficher aux yeux d'un public injuste et railleur l'état où vous vous trouvez. Croyez-moi, Rosine, contentez-vous pour l'instant de mon amour, qui ne vous trahira jamais, et attendez qu'une époque plus favorable, en me débarrassant de tout scrupule, me permette de proclamer tout haut que vous êtes ma femme et que je suis fier d'avoir fait ce choix.

— J'attendrai, monsieur, répliqua Rosine ; vous opposez à mon désir le plus cher des raisons trop légitimes pour que je puisse faire entendre le plus léger murmure. Je suis d'ailleurs prête à tout accepter dans l'intérêt de votre nom, puisque, s'il le fallait, je renoncerais aujourd'hui même au doux espoir dont vous nourrissez mon cœur.

— Je n'en doute pas, bonne Rosine ; aussi l'attachement que vous me portez aura sa récompense.

Et cette journée, ainsi que toutes les autres, fut consacrée à former de nouveaux projets et à réitérer de tendres serments de fidélité.

Rosine n'avait pas un caractère exigeant ; elle était au contraire si modeste dans ses prétentions, que le moindre égard qu'on avait pour elle suffisait pour la contenter ; mais son cœur était pénétrant et savait distinguer chez les autres un sentiment dicté par la tendresse ou par la seule pitié. M. Dorby la visitait toujours assez assidûment, mais ce n'étaient plus les mêmes attentions, les mêmes prévenances ; c'était au contraire la politesse des premiers temps, la réserve des premiers entretiens ; s'il n'était plus caressant comme autrefois, c'était, disait-il, pour ne pas augmenter les lassitudes d'une grossesse avancée ; de plus, il avait toutours des affaires imprévues, dont l'importance l'empêchait de rester longtemps auprès de celle qu'il chérissait au-dessus de la vie.

Dès que Rosine comprit qu'elle ne régnait plus sur le cœur de M. Dorby, et qu'elle en eut acquis la preuve certaine, elle puisa dans son propre malheur le courage qui est le privilége des grandes âmes ; elle ne questionna plus son séducteur, affecta de n'avoir besoin d'aucun de ses offices, et se résigna sans se plaindre au destin qu'elle s'était fait par sa propre faiblesse, car elle était assez juste pour se regarder comme la première cause de ses chagrins.

Enfin elle devint mère d'un enfant mâle. Hélas ! elle n'eut pas le temps de lui adresser un sourire ; une femme inconnue vint l'arracher de ses bras et disparut sans lui donner la moindre explication sur sa conduite. Cette femme avait reçu une certaine somme de M. Dorby, dont elle ne connaissait même pas le nom, et, séduite par l'appât d'une forte récompense, elle avait consenti à élever secrètement son infortuné nourrisson, devenu pour ainsi dire orphelin dès sa naissance.

Rosine, à qui son titre de mère donnait une autorité que rien ne pouvait lui empêcher d'exercer, se plaignit amèrement à M. Dorby d'un procédé mystérieux et cruel qui lui donnait le droit de soupçonner une mauvaise trame dirigée contre elle. On lui opposa des raisons de convenance, de respect humain, qu'elle dut accepter sans se plaindre, et lorsqu'elle fut entièrement rétablie, personne ne revint la visiter.

Rosine était une femme exceptionnelle ; elle joignait à une sensibilité extrême une force d'âme et une énergie qui l'élevaient au-dessus des plus grandes infortunes. Lorsqu'elle se vit réellement trahie, et que rien ne put justifier à ses yeux l'infâme conduite de son séducteur et sa lâche disparition, elle imposa silence à sa douleur et à ses ressentiments, car elle ne savait pas haïr, et reprit sa modeste aiguille pour puiser dans le travail des consolations que lui seul peut procurer à une âme souffrante.

Une seule personne avait été dans la confidence de sa grossesse, c'était M. Gremm, sous-lieutenant de vaisseau, ami de collège de M. Dorby, et dont les instances et les prières avaient été impuissantes pour détourner ce cœur inflexible de la résolution qu'il avait prise d'abandonner Rosine. Doué d'une âme excellente, il vint trouver la pauvre fille pour lui prouver qu'il était tout à fait étranger à son malheur, et qu'au contraire son âme ne serait pas en peine s'il eût dépendu de lui d'alléger ses maux.

Rosine pleura, mais ce fut de reconnaissance ; elle remercia M. Gremm de sa noble démarche, et le supplia surtout de n'adresser aucune prière en sa faveur à M. Dorby, qu'elle ne voulait plus revoir, ne demandant au ciel qu'une seule grâce, celle de l'oublier.

— Il m'a volé mon innocence, ajouta-t-elle en brisant son aiguille dans ses doigts par l'effet d'une indignation involontaire, je lui ai pardonné ce premier attentat ; mais il m'a volé mon enfant, dont il rougissait sans doute d'être le père ; il l'a fait arracher lâchement de mes bras, me cache sa retraite, me laisse ignorer s'il vit encore ! C'est affreux ! Je ne veux plus le revoir ; non, je ne veux plus le revoir !

M. Gremm se sentit tout ému et conçut en même temps la plus haute estime pour le caractère mâle et fier de Rosine.

— Si j'avais été le père de votre enfant, dit-il avec une voix sympathique et tendre, je n'aurais jamais coûté des pleurs à sa mère. M. Dorby a immolé aux préjugés les droits sacrés de la nature ; puisse-t-il ne pas s'en repentir un jour ! Je vous quitte, femme de cœur, qui méritiez un meilleur sort ; je pars demain sur un vaisseau qui me conduira bien loin de vous ; mais si je reviens jamais de mon voyage de long cours, si je revois le ciel de ma patrie, le soleil ne s'y lèvera pas deux fois avant que je ne sois venu vous offrir personnellement l'hommage de mon estime et de mon sincère attachement.

En prononçant ces mots, il déposa furtivement une bourse sur le marbre d'une petite cheminée où il s'était accoudé tout exprès.

— Que faites-vous, monsieur ? dit Rosine, qui s'en aperçut, et qui, par une délicate discrétion plutôt que par une vaine hauteur, voulut retenir son élan généreux.

M. Gremm, dont les larmes allaient trahir la noble sensibilité, disparut comme un éclair.

— Tous les hommes ne sont donc pas méchants ! dit Rosine. Mon Dieu ! bénissez un si bon cœur !..

Le travail, comme nous l'avons dit plus haut, est le plus puissant consolateur de l'homme. Rosine y eut recours et s'en trouva bien. Cette femme courageuse traîna pendant huit années sa douleur sans se plaindre, et expia une première faiblesse par le repentir et l'isolement ; mais un mal affreux minait sourdement sa poitrine, un trait empoisonné avait traversé son cœur, et la blessure était inguérissable. Sa grand'mère, dont elle était toujours le constant appui, mourut de vieillisse ; elle la suivit bientôt dans la tombe en pardonnant de bon cœur à M. Dorby, qu'elle n'avait jamais revu, et en acceptant la longue douleur que lui avait causée la privation de son fils comme un juste châtiment du ciel.

Depuis qu'il avait cessé toute espèce de liaison avec Rosine, M. Dorby, pour étouffer la voix du remords qui lui reprochait sa lâche perfidie, avait été chercher une joie factice à travers les plaisirs bruyants du monde ; mais de pareils plaisirs coûtent cher à ceux qui en font l'unique aliment de leur folle existence ; aussi se ruinait-il sans trouver la paix du cœur qui le fuyait sans cesse. Par un reste d'égard qu'il avait de la vertu de Rosine, dont il obtenait secrètement des nouvelles par l'entremise d'un serviteur affidé, il avait toujours payé régulièrement à la nourrice de Georges, ainsi se nommait son enfant, la somme qu'il s'était engagé à solder tous les mois, le jour même de sa naissance. Mais dès qu'il eut appris la mort de la mère, il se crut dégagé envers le fils de toute espèce d'obligation, et dès lors le petit garçon fut tout à fait à la charge de celle qui avait pris soin de sa première enfance, et qui, du reste, n'aurait eu à faire le sujet d'inutiles démarches, ne connaissant ni le nom ni l'adresse de M. Dorby.

Georges se faisait aimer par son excellent caractère, sa douceur et son obéissance ; son visage était charmant, son esprit précoce, son cœur tendre et sensible. Sa nourrice, qui avait pour lui l'affection d'une véritable mère, le garda encore quatre ans auprès d'elle ; mais, devenue veuve et sans appui, elle aima mieux s'en séparer que de lui faire partager sa misère. Elle avait à Londres un frère qui y exerçait la profession de cordier, et dont l'industrie consistait principalement à fabriquer tous les agrès convenables à l'équipement d'un vaisseau. Elle alla le trouver et lui offrit de lui abandonner son enfant, dont une cruelle nécessité l'obligeait de se séparer. La bonne mine de l'apprenti plut à la mère, et Georges passa sous sa tutelle, ou plutôt sous sa domination, ne sachant pas, le pauvre enfant, le cruel échange que le destin allait lui faire subir.

La nourrice Berthe s'éloigna le cœur gros, Georges se mit à pleurer, et le cordier acheva avant tout une chanson de matelot qu'il avait interrompue à l'arrivée de sa sœur.

— Tu veux donc être cordier ? dit-il ensuite à l'enfant.

— Ce sera comme vous voudrez, monsieur.

— Très-bien répondu ; je vois que nous pourrons faire quelque chose ensemble. Je vais mettre tout de suite à profit tes bonnes dispositions.

Et aussitôt il lui donna à démêler un énorme tas de chanvre inextricable, qui eut bientôt meurtri ses petites mains fines en envoyant dans son gosier plus de poussière qu'il n'en avait jamais avalé lorsque, malgré le vent, il folâtrait dans sa chère campagne sur le sol poudreux des chemins.

— Que fais-tu donc ? lui dit le cordier Rhalf en l'apercevant frotter ses yeux déjà tout rouges.

— Monsieur, c'est la poussière..

— Ce n'est rien, c'est le métier qui entre ; tu en verras bien d'autres avant que tu sois ouvrier ; ce ne sont là que des roses. Allons, allons ; un peu plus de cœur à la besogne.

Rhalf prononça ces dernières paroles d'un ton si bref et les accompagna d'un coup d'œil si sévère, que le pauvre petit en baissa la vue et versa deux grosses larmes.

Mais, par un bienfait de la Providence, on finit par se familiariser avec le malheur comme le nègre qui joue avec l'esclavage, pour lequel il croit être né. Georges, d'une nature flexible et douce, se fit au caractère de son maître et résolut de tout endurer sans se plaindre, comprenant, malgré son jeune âge, que le pain du malheureux est toujours arrosé de quelques larmes. Rhalf hantait les tavernes, y buvait outre mesure, et, quand les vapeurs lui montaient au cerveau, il devenait soupçonneux, colère, et descendait même aux plus injustes brutalités. Georges fut plus d'une fois la triste victime de ce tempérament intraitable ; mais il se résignait à un sort dont il ne pouvait pas corriger la rigueur, et se consolait des maux présents par l'espoir d'un meilleur avenir.

Depuis trois années qu'il travaillait sans relâche et avec beaucoup d'adresse, il subissait les mauvais traitements de son maître sans jamais en recevoir le moindre encouragement, lorsque enfin le ciel daigna le prendre en pitié et récompenser son angélique résignation. Quinze ans s'étaient écoulés depuis le départ de M. Gremm sur un navire du gouvernement anglais ; il revint enfin avec les épaulettes de capitaine, et comme une longue absence n'avait changé en rien les généreuses dispositions dont il était animé envers Rosine, un de ses premiers soins fut de s'acheminer vers sa demeure, où il apprit la mort de cette fille infortunée. Cette nouvelle, à laquelle il fut très-sensible, lui inspira le désir de voir le malheureux fruit de ses amours ; en conséquence, il se dirigea vers l'habitation de Berthe la nourrice, avec laquelle il avait eu déjà plusieurs entrevues, et, d'après ses indications, il se transporta dans l'atelier de Rhalf, où il aperçut un beau jeune homme assis tristement sur la dalle. Un certain pressentiment lui dit que c'était Georges, et lorsqu'il en eut acquis la certitude, il lui parla de sa mère et du respect qu'il gardait pour sa mémoire. Georges, qui voyait en lui un protecteur, n'hésita pas à lui raconter les brutalités dont chaque jour il était victime, et lui expliqua que s'il le voyait en ce moment étendu par terre, c'est que ses jambes pouvaient à peine le soutenir, tant il était contusionné par les coups qu'il venait de recevoir fort injustement.

En entendant cette déposition dirigée contre lui, Rhalf reprit son travail plutôt par confusion que par bravade, car la seule présence du capitaine avait suffi pour contenir ce caractère lâchement brutal. M. Gremm se sentit indigné et fut sur le point de faire explosion ; mais plus préoccupé d'améliorer le sort de Georges que d'écouter l'inspiration d'une stérile vengeance, il laissa le pusillanime cordier à son labeur, et s'adressant à Georges avec un accent paternel :

— Serais-tu content de changer de métier et de me suivre ? lui dit-il ; parle, et dès aujourd'hui je t'arrache à ton esclavage.

A ces paroles, le oui le plus affirmatif sortit de la bouche de Georges, et le bonheur prochain qu'il entrevoyait redonnant des forces à ses jambes affaiblies par la souffrance, il se leva avec toute la souplesse d'un garçon bien portant et courut baiser la main de son bienfaiteur.

— Partons! lui dit le capitaine, après avoir lancé sur Rhalf un regard de mépris, auquel celui-ci se garda bien de répondre.

Et bientôt ils furent hors de l'atelier, que Georges ne devait plus revoir. L'heureux enfant bondissait de plaisir; il se voyait libre désormais, et dût-on lui imposer encore la profession de cordier, pour laquelle il avait une antipathie invincible, il pouvait du moins espérer que les cordes qu'il fabriquerait pour son nouveau maître ne serviraient plus à laisser des traces sanglantes sur son pauvre dos. Le lendemain, lorsque déjà il se trouvait restauré par quelques bons repas et qu'une nuit passée à dormir sur une molle couchette avait délassé ses membres endoloris, M. Gremm lui demanda s'il se sentait quelque vocation pour l'état de marin. Sur sa réponse négative, son généreux protecteur comprit que le plus court parti à prendre c'était de le mettre au collège, afin que, plus tard, l'esprit de l'enfant s'étant développé, il pût lui-même déterminer la carrière qu'il voulait parcourir. Quelque temps après, Georges commençait ses premières études.

Ses succès furent rapides et brillants, et huit années lui suffirent pour devenir un des avocats les plus distingués du barreau de Londres. M. Gremm, orgueilleux de la gloire de son protégé, se réjouissait à bon droit de son noble ouvrage, et recevait de tous les gens de bien les éloges dus à sa rare humanité, lorsqu'une maladie, provoquée sans doute par les longues et rudes fatigues qu'il avait essuyées, fit désespérer de ses jours. Il vit arriver sa fin avec le courage du soldat et la tranquillité de l'homme juste; et, pour couronner une vie pleine d'actions d'éclat et de traits vertueux, il constitua Georges unique héritier de sa fortune, qui était considérable. Ceci n'étonna personne; il avait vu s'éteindre successivement tous les membres de sa nombreuse famille; il ne lésait les droits de personne.

Avant d'expirer, M. Gremm fit à Georges un présent qui valait à lui seul plus que ses libéralités, il légitima sa naissance en lui léguant un nom qu'il avait illustré dans vingt combats maritimes, comme s'il eût voulu immortaliser la honte du père cruel que de vains préjugés avaient conduit à renier son propre sang. Après avoir accompli cet acte généreux, qui seul eût suffi pour le rendre cher à ses concitoyens, s'il n'eût pas eu d'autres titres à leur estime, il mourut paisiblement, le sourire sur les lèvres, dans les bras de Georges, qu'il laissa inconsolable de sa perte.

Georges voulut que sa reconnaissance fût aussi publique que l'avait été l'honorable protection dont M. Gremm l'avait si longtemps entouré; il commanda de magnifiques obsèques, afin que personne n'ignorât que c'était à cet homme vertueux qu'il devait son éducation, sa fortune et le nom qu'il portait. Après avoir accompli ce devoir sacré, il alla visiter sa nourrice Berthe, dont la mémoire lui était toujours chère; pour récompenser les soins tendres et délicats qu'elle avait pris de son enfance, il lui acheta une petite maison de campagne qu'il fit meubler avec une certaine élégance, et la pourvut en outre de tout ce qui pouvait la rendre agréable et commode, afin qu'elle pût couler les dernières années de sa vie dans une sécurité parfaite.

M. Dorby, que nous avons laissé se vautrant dans l'excès des plus honteux plaisirs, après l'abandon qu'il avait fait de Rosine, poursuivit fatalement la carrière dans laquelle il s'était engagé, et finit non-seulement par dissiper la brillante fortune qu'il possédait, mais encore par contracter des dettes qu'il savait ne jamais devoir acquitter. Méprisé de tous ceux qui l'avaient connu dans l'aisance, suspect, par sa mauvaise conduite, même aux gens de mauvaise vie, abject à ses propres yeux, car nous avons tous une conscience aux cris de laquelle nous ne pouvons échapper, il traînait le boulet du remords dans les rues de Londres, où régnait la débauche qu'il ne pouvait fuir, et usait ainsi, lambeau par lambeau, les restes de son existence flétrie. Par une déplorable conformité de caractère, ou par un châtiment du ciel, qui avait voulu se venger des persécuteurs de Georges, Rhalf avait aussi sacrifié tout son avoir à ses grossiers appétits, et son funeste penchant pour l'ivrognerie l'avait fait descendre au dernier degré du paupérisme. Fréquentant aussi tous les repaires du vice, c'est dans ces lieux infâmes qu'il vit pour la première fois M. Dorby et que, par l'effet de confidences mutuelles, ils vinrent à parler de Georges, dont l'un s'avoua le père, et l'autre le maître d'apprentissage. Ils avaient entendu parler de la position honorable que M. Gremm lui avait faite dans le monde, et de la façon délicate avec laquelle ce dernier avait couronné son œuvre humanitaire en ajoutant aux bienfaits dont il l'avait comblé un bienfait plus précieux encore, un nom sans tache, à l'abri duquel il pouvait braver les préjugés dont il avait été la première victime. Le triomphe de Georges était un véritable supplice pour ces deux méchants cœurs; ils essayèrent d'en tirer au moins quelque profit. Ils lui écrivirent une lettre dans laquelle, imputant à de fausses spéculations le renversement de leurs fortunes, ils réclamaient, l'un, en qualité de son père, les sacrifices qu'il avait faits pour lui pendant huit années, l'autre, en qualité de son maître d'apprentissage, une honnête indemnité pour les trois ans qu'il avait employés à lui apprendre, sans le moindre profit, sa profession de cordier.

Georges ne fit aucun cas d'une semblable réclamation et accueillit avec le même dédain une seconde missive, où les menaces les plus triviales se mariaient au style le plus injurieux. Nos deux aventuriers ne s'en tinrent pas là; accompagnés de deux complices, auxquels ils avaient eu la précaution de souscrire de faux titres pour paraître véritablement leurs débiteurs, ils allèrent, avec une effronterie sans exemple, frapper à la porte de Georges, qui, lui-même, vint leur ouvrir.

L'héritier de M. Gremm ne tarda pas à deviner les intentions des quatre visiteurs; mais, fort de ses droits, il attendit l'explication avec un calme imperturbable.

— Monsieur, dit Rhalf avec une hauteur affectée, vous me reconnaissez sans doute?

— Parfaitement, dit Georges en gardant toujours le même sang-froid.

— Dans ce cas, veuillez, je vous prie, faire droit à ma réclamation.

— Quand j'aurai entendu tout le monde, répliqua Georges en employant toujours le même ton.

— Monsieur, dit le compagnon de Rhalf, mais avec un peu moins d'audace, je suis votre père, quoique vous ne portiez pas mon nom; et, tombé dans la misère malgré moi et, de plus, poursuivi par un inflexible créancier que voici, je vous prie de vous rappeler ce que, dans ma prospérité, j'ai pu faire pour vous pendant huit années consécutives.

L'œil de Georges s'était enflammé peu à peu, et l'indignation se peignait sur son visage. Il se tut quelques instants; mais rompant bientôt le silence:

— Monsieur, dit-il à Rhalf en le foudroyant d'un regard, je ne savais pas qu'un bourreau eût le droit de venir réclamer à sa victime le prix des tortures qu'il lui a fait endurer; un monstre tel que vous était destiné à me l'apprendre! Sortez d'ici, ou je saurai bientôt me délivrer de votre hideuse présence.

Rhalf fut atterré par ces paroles, mais il fit toutefois un geste menaçant; M. Dorby le retint par le bras, espérant peut-être que cette feinte générosité lui vaudrait quelque chose.

— Laissez-le, laissez-le, lui dit Georges, qui avait eu le temps de reprendre son calme; car, à votre tour, vous avez besoin de toute votre attention pour bien saisir mes paroles. Il me serait bien doux de vous appeler mon père, si vous l'étiez en effet, mais vous n'êtes pour moi qu'un étranger; mon père, c'est celui qui a pris soin de mon éducation et qui ne m'a pas lé-

Partez donc, vous dis-je, car vous me faites horreur. — Page 64, col. 1re.

chement abandonné; mon père, c'est celui qui a placé une noble compassion au-dessus des froids préjugés; mon père, c'est celui qui n'a pas craint de se déshonorer en me donnant son nom; mon père enfin, c'est M. Gremm. Allez, cœurs maudits du ciel et répudiés de la terre! allez, cœurs égoïstes et méchants, implorer ailleurs une pitié que vous avez tarie dans mon âme. Je m'appelle M. Gremm; ce nom honnête n'a rien de commun avec les vôtres, et fussé-je même un bâtard, j'aimerais mieux que la société me reprochât toute la vie cette honte que de devoir à l'un de vous une infamante légitimité. Partez donc, vous dis-je, car vous me faites horreur.

A ces mots, fortement accentués, la porte s'ouvrit à deux battants. Les domestiques de M. Gremm avaient entendu la voix de leur maître, et le débarrassèrent sans peine, à un léger signe qu'il leur fit, des deux réclamants et de leurs honteux acolytes.

M. Gremm ne fut plus exposé dans la suite à subir leur détestable présence. Rhalf, qui depuis longtemps n'avait plus de ressources que dans le vol, fut condamné, quelques mois après, à une prison perpétuelle; quant à M. Dorby, il recourut à une mort violente pour se dérober à la misère et aux remords qui l'assiégeaient nuit et jour.

Heureux celui qui, libre des vains préjugés du monde, ne prend pour arbitre que la voix de sa conscience et la sincérité de ses intentions; il vit sans cesse avec la paix du cœur, et cette paix est la source de toutes les félicités!

FIN.

www.ingramcontent.com/pod-product-compliance
Lightning Source LLC
LaVergne TN
LVHW022128080426
835511LV00007B/1072